In den sonnigen Beeten
Hundert Gedichte für Gartenfreunde

In den sonnigen Beeten

Hundert Gedichte
für Gartenfreunde

Herausgegeben von
Jürgen Engler

ISBN 978-3-351-03307-1

Aufbau ist eine Marke
der Aufbau Verlag GmbH & Co. KG

1. Auflage 2010
© Aufbau Verlag GmbH & Co. KG, Berlin 2010
Einbandgestaltung Henkel / Lemme
unter Verwendung einer Vignette von Tom Henkel
Typographie Peter Birmele
Druck und Binden CPI – Clausen & Bosse, Leck
Printed in Germany

www.aufbau-verlag.de

Inhalt

Die vier Jahreszeiten

Rainer Maria Rilke
   Schon, horch, hörst du der ersten Harken 15
Barthold Hinrich Brockes
   Frisch umgegrabnes Land im Frühling 16
Theodor Däubler   Sommergebet 18
Eva Strittmatter   Grüner Juni 19
Georg Trakl   Verfall 20
Joseph von Eichendorff   Herbstweh 21
Ludwig Christoph Heinrich Hölty
   Der Gärtner an den Garten im Winter 22

Im Schnee der Blüten

Heinrich Heine   Unterm weißen Baume sitzend   27
Christian Wagner   Blühender Kirschbaum 28
Barthold Hinrich Brockes
   Kirsch-Blühte bey der Nacht 29
Thomas Rosenlöcher   Das Holz der Rede 30
Anna Louisa Karsch
   Vorbitte wegen eines Nussbaums 32
Johann Wolfgang Goethe
   Oden an meinen Freund / Erste Ode 34
Bashô   So viele Dinge 36

Die siebfachen Plagen

Thomas Rosenlöcher   Der Garteneinsatz 39
Theodor Storm   Im Garten 40
Friedrich Hebbel   Raupe und Schmetterling 41

Wilhelm Busch   Der Kohl 42
Johann Wolfgang Goethe
   »Sprich, wie werd ich die Sperlinge los?« 44
Friedrich Schiller   Hausrecht 45
Sazanami   Von Vogelscheuche 46
Walther von der Vogelweide
   Wo kräuter gut gewachsen sind 47
Friedrich Rückert   Das Ahrimansgeschmeiß 48
Sarah Kirsch   Erdreich 49
William Cowper
   Der Stall gewährt ihm einen Haufen Dung 50

Welch kräftige Farben sind hier gemischt

August Heinrich Hoffmann von Fallersleben
   Der Blumist 57
James Thomson
   Zulezt thun vor dem Auge im vollend'ten Garten   58
Amy Clampitt   Nichts bleibt, wo's ist 60
Stefan George   Blumen 62
Ludwig Christoph Heinrich Hölty
   An einen Blumengarten 63
Max Dauthendey   Gartenwelt 64
Ludwig Tieck   Garten 66
Justinus Kerner   Der Garten zu Schwaigern 67
Theodor Däubler   Der Garten 70
Ewald Christian von Kleist   Der schöne Garten .. 71
Bertolt Brecht   Der Blumengarten 74

Sonnig, erdig, hiesig

Vergil   Und ich selber fürwahr 77
Walahfrid Strabo   Flaschenkürbis 79
Johann Heinrich Voß   Obstlied 82
Anna Louisa Karsch   Lob der schwarzen Kirschen   84
Johann Wolfgang Goethe
   Blumen sehet ruhig sprießen 86
Rainer Maria Rilke
   Voller Apfel, Birne und Banane 87
Peter Gosse   Hymne in Rainers Garten 88
Su Schï
   Fröhliche Gesellschaft im Garten des Einsiedlers   89
Peter Horst Neumann   Als sie nach einer Sommerreise ihren Garten wiedersah 90
Boris Pasternak   Der weinende Garten 91

Die Lust in uns

Christian Hoffmann von Hoffmannswaldau
   An Flavien. Über einen auf ihrer brust steckenden Hyacinthen-strauß 95
Karl Friedrich Kretschmann
   Einladung in den Garten; an Dorimenen 96
Eduard Mörike   Liebesvorzeichen 98
Paul Fleming   An ihren Garten 100
Johann Wolfgang Goethe
   Hinten im Winkel des Gartens 101
Rainer Kirsch   Petrarca hat Malven im Garten, und beschweigt die Weltträtsel 102
Ernst Stadler   Frühlingsnacht 103
Djalal al-Din Rumi
   Die Rose ist das höchste Liebeszeichen 104

Die dunkle Hülle

Gertrud Kolmar   Die graue Nacht 107
Gottfried Benn   Gärten und Nächte 108
Elisabeth Langgässer   Arachne 110
Oskar Loerke   Garten 112
Stefan George
   Wir werden heute nicht zum garten gehen 113
Arno Holz
   Hinter / einem alten, / windschief krumpeligen .. 114
Rainer Maria Rilke   Schlaf-Mohn 117
Max Dauthendey   Die Sommernacht, und andachtsvoll der dunkle Garten 118
Richard Pietraß   Fliedergärten 119

An alte Gärten denk ich

Hugo von Hofmannsthal   Mein Garten 123
Theodor Storm   Frauen-Ritornelle 124
Joseph von Eichendorff   Der alte Garten 125
Ricarda Huch   Zwei Gärten 126
Hermann Hesse   Traum 128
Arno Holz   Hinter hohen Mauern 129
Detlev von Liliencron   Alt geworden 130
August Heinrich Hoffmann von Fallersleben
   Der Kindergarten 131

Daß ich die Seele gehen laß

Friedrich Rückert   Beschränkung 135
Schmidt von Werneuchen   Abendfreuden 136
Georg Heym   Laubenfest 137
Arno Holz   Ein / von vier / schrägen 138

Adolf Endler Der Laubenpieperfriedhof 140
Kerstin Hensel Meine Welt 141
Peter Huchel Der Garten des Theophrast 142
Sarah Kirsch Selektion 143
Hinnerk Einhorn Krüpelsee-Idyll 144
Marina Zwetajewa Der Garten 145

Gedanken vor uns hinzustreun

Rainer Maria Rilke Der Apfelgarten 149
Wilhelm Busch Duldsam 150
Peter Hacks Vernunftreiche Gartenentzückung .. 152
Axel Schulze Englischer Garten 153
Georg Maurer Im Garten 154
Go Tjän-min Frühlingsabend 155
Luis Cernuda Der Garten 156
Heinrich Albert Ein Kürbis spricht 158
Hugo von Hofmannsthal Besitz 160
Detlev von Liliencron Sphinx in Rosen 161

Über den Gartenzaun gesprochen

Günter Kunert Letztes Gartengedicht 165
Achim von Arnim Letzter Zweck aller Krüppelei 166
Annette von Droste-Hülshoff
    Erde. Der Abend, der Gärtner 168
Johann Wolfgang Goethe
    Zu Thaers Jubelfest, dem 14. Mai 1824 170
Friedrich Rückert Deutscher Blumengarten 172
Rudyard Kipling Die Glorie des Gartens 174
Franz Fühmann Das Kind entdeckt den Garten 176
Friedrich Hölderlin Die Eichbäume 178
Peter Rühmkorf Über den Gartenzaun gesprochen 179

Anhang

Kleine Gartenschau. *Von Jürgen Engler* 183
Der Herausgeber 190
Autoren- und Quellenverzeichnis 191
Alphabetisches Verzeichnis der Gedichtanfänge und
    -überschriften 204

In Erinnerung an Gartenfreuden
in Cossebaude, Leubnitz-Neuostra, Goppeln,
Hohen Neuendorf, Großpösna, Großbothen,
Lychen, Diensdorf, Mahlsdorf, Köpenick,
Treptow und Waldesruh

Die vier Jahreszeiten

Schon, horch, hörst du der ersten Harken
Arbeit; wieder den menschlichen Takt
in der verhaltenen Stille der starken
Vorfrühlingserde. Unabgeschmackt

scheint dir das Kommende. Jenes so oft
dir schon Gekommene scheint dir zu kommen
wieder wie Neues. Immer erhofft,
nahmst du es niemals. Es hat dich genommen.

Selbst die Blätter durchwinterter Eichen
scheinen im Abend ein künftiges Braun.
Manchmal geben sich Lüfte ein Zeichen.

Schwarz sind die Sträucher. Doch Haufen von Dünger
lagern als satteres Schwarz in den Aun.
Jede Stunde, die hingeht, wird jünger.

Rainer Maria Rilke

Frisch umgegrabnes Land im Frühling

Kein dunckel-brauner Samm't, in welchen sich das Licht
Auf eine sanffte Weise sencket,
Erfüllt mit solcher Lust das Menschliche Gesicht;
Als, wenn man Aug' und Sinnen lencket,
Auf ein frisch umgegrabnes Land,
Und dessen Dunckelheit den Blick und den Verstand
Mit Licht und Luft erfüllt, wenn man es recht bedencket.
  Der noch nicht durch die Lufft heraus gezogne Safft
Entdeckt uns gleichsam selbst die Krafft,
Die Fettigkeit, die Fruchtbarkeit der Erden.
Ach GOTT! so offt wir dies im Frühling sehn,
Gieb, daß es mag zu Deinem Ruhm geschehn!
Die, durch des Gärtners scharffen Rechen,
So glatt gemacht- und ebne Flächen
Vergnügen unsern Blick, der sanfft darüber schiesset,
Wobey er denn besondrer Lust geniesset,
Wenn etwan hier und dort,
Ein Stückchen Glas, an einem andern Ort
Ein' Scherb', und dort ein glatter Stein,
Den Gegenwärt'gen Sonnen-Schein
Im Wiederprallen zeigt. Der Glantz, das helle Blitzen,
Bald vom Glasur, bald von den Spitzen,
Erhoben durch das dunckle Land,
Lässt fast, als wenn ein sammtenes Gewand
Mit Silber hier, mit Golde dort gestickt,
Ja mit Juweelen gar geschmückt
Und ausgezieret wär'. Ich stelle mir
Die Erde dann als unsre Mutter für,
Die in ein dunckel-braun- und ehrbar-sammtnes Kleid,
Das hier und dar jedoch mit mancher Kostbarkeit,
Mit Schimmer-Glantz und Schein erfüllet,

Sich gleichsam prächtig eingehüllet.
Laß dies, was ich gesagt, dir nicht zu prächtig düncken,
Denn alle deine Pracht, Juwelen, Silber, Gold,
Der du allein mit solchem Eifer hold,
Ihr heller Glantz, ihr glattes Blincken,
Ist an sich selbst nicht heller und nicht grösser,
Ja sie sind an sich selbst, bedenckt mans recht, nicht besser.
Dein Will und deine Noth giebt ihrem Schein,
Die Kostbarkeit und ihren Wehrt allein.
   Indem ich also stand und dacht',
Erblickt ich daß des Kleides dunckle Pracht,
Noch mehr geschmückt und schöner noch gezieret,
Mit schönem Ranckenwerck brodiret
Und recht durchwircket war.
Mein Gärtner hatte hier und dar
Den braunen sammtenen Talar
Mit netten Laubwerck schön gestickt,
Und ihn mit zarten Laub geschmückt,
Da er von jungen Erbs- und Bohnen
Die Pflantzen, welche er im Winter aufgebracht,
Bald hier bald dar verpflantzt. Der grünen Farbe Pracht
Zumahl,
Wenn durch das zarte Laub der helle Sonnen-Strahl,
Mit holdem Schimmer drang, war so vortrefflich schön,
So klar so lieblich anzusehn,
Absonderlich auf dem so duncklen Grunde;
Daß ich, dadurch gerührt, mit Hertz und Munde,
Dem grossen Schöpfer aller Dinge,
Ein frölich Frühlings-Lied gleich an zu singen finge.

Barthold Hinrich Brockes

SOMMERGEBET

Es prangen Granatäpfelranken im Garten
Und blühen so warm wie das Tagesverglühen.
Zypressen wie riesige Schattenstandarten
Beginnen im Garten die Nacht zu verfrühen.

Wir heben die Arme empor zu dem Brande:
Ich tauche wie nackt bis zum Herzen in Flammen.
Mein Wesen erschaut sich im Blütengewande:
Auch ich blute auf mit den Baumbräutigamen.

Du Sonne in Scharlach, mit purpurnen Schleppen,
Entfunkelst mir unter Granatäpfelranken.
Ich komme zu dir auf lebendigen Treppen,
Ich gleiche der Abende bebendem Danken.

Ich werde ein Wahn und sein Wallen in Wangen,
Ich bin des Granatapfels fieberndes Blühen,
Die Sprühwürmchen sollen ihr Funkeln empfangen:
Verkündet, entzündet sie, Brüder, im Glühen!

Theodor Däubler

Grüner Juni

Tropische Stimmung im märkischen Garten.
Regendünste dicken die Luft,
Sämig schon vom blühenden Duft
Der Holunder, die zu Wäldern entarten.

Als wir begannen, wurzelten wir
Schößlinge vier von dem wilden Flieder.
Jetzt beugen vierzig Bäume sich nieder,
Bekrochen von allerlei niederm Getier

Und durchflogen von Vögeln. Die blaue Meise
Ist wie ein Tropfen im Schaum versunken.
Da hat im Herbst die Drossel getrunken.
(Narkotische Kräfte zur glücklichen Reise.)

Nun fehlt nur noch, daß Kolibris fliegen
Durch unsern tropischen Regengarten.
Daß wir auf Paradiesvögel warten,
Läßt uns über alle Zweifel obsiegen.

Eva Strittmatter

VERFALL

Am Abend, wenn die Glocken Frieden läuten,
Folg ich der Vögel wundervollen Flügen,
Die lang geschart, gleich frommen Pilgerzügen,
Entschwinden in den herbstlich klaren Weiten.

Hinwandelnd durch den dämmervollen Garten
Träum ich nach ihren helleren Geschicken
Und fühl der Stunden Weiser kaum mehr rücken.
So folg ich über Wolken ihren Fahrten.

Da macht ein Hauch mich von Verfall erzittern.
Die Amsel klagt in den entlaubten Zweigen.
Es schwankt der rote Wein an rostigen Gittern,

Indes wie blasser Kinder Todesreigen
Um dunkle Brunnenränder, die verwittern,
Im Wind sich fröstelnd blaue Astern neigen.

Georg Trakl

HERBSTWEH

1.

So still in den Feldern allen,
Der Garten ist lange verblüht,
Man hört nur flüsternd die Blätter fallen,
Die Erde schläfert – ich bin so müd.

2.

Es schüttelt die welken Blätter der Wald,
Mich friert, ich bin schon alt,
Bald kommt der Winter und fällt der Schnee,
Bedeckt den Garten und mich und alles, alles Weh.

Joseph von Eichendorff

Der Gärtner an den Garten im Winter
Eine Idylle

In Silberhüllen eingeschleiert
   Steht jetzt der Baum
Und strecket seine nackten Äste
   Dem Himmel zu.

Wo jüngst das reife Gold des Fruchtbaums
   Geblinket, hängt
Jetzt Eis herab, das keine Sonne
   Zerschmelzen kann.

Entblättert steht die Rebenlaube,
   Die mich in Nacht
Verschloß, wenn Phoebus flammenatmend
   Herniedersah.

Das Blumenbeet, wo Florens Töchter,
   In Morgenrot
Gekleidet, Wohlgeruch verhauchten,
   Versinkt in Schnee.

Nur du, mein kleiner Buchsbaum, pflanzest
   Dein grünes Haupt
Dem Frost entgegen und verhöhnest
   Des Winters Macht.

Mit Goldschaum überzogen, funkelst
   Du an der Brust
Des Mädchens, das die Dorfschalmeie
   Zum Tanze ruft.

Ruh sanft, mein Garten, bis der Frühling
　Zur Erde sinkt,
Und Silberkränze auf die Wipfel
　Der Bäume streut.

Dann gaukelt Zephir in den Blüten
　Und küsset sie
Und weht mir mit den Düften Freude
　In meine Brust.

Ludwig Christoph Heinrich Hölty

Im Schnee der Blüten

Unterm weißen Baume sitzend,
Hörst du fern die Winde schrillen,
Siehst, wie oben stumme Wolken
Sich in Nebeldecken hüllen;

Siehst, wie unten ausgestorben
Wald und Flur, wie kahl geschoren; –
Um dich Winter, in dir Winter,
Und dein Herz ist eingefroren.

Plötzlich fallen auf dich nieder
Weiße Flocken, und verdrossen
Meinst du schon, mit Schneegestöber
Hab der Baum dich übergossen.

Doch es ist kein Schneegestöber,
Merkst es bald mit freud'gem Schrecken;
Duft'ge Frühlingsblüten sind es,
Die dich necken und bedecken.

Welch ein schauersüßer Zauber!
Winter wandelt sich in Maie,
Schnee verwandelt sich in Blüten,
Und dein Herz es liebt aufs neue.

Heinrich Heine

BLÜHENDER KIRSCHBAUM

Ungezählte frohe Hochzeitsgäste
Groß und kleine, einfach und betreßte:
Herrn und Frauen, Edelfräulein, Ritter,
Ungezählte Väter wohl und Mütter;
Ungezählte Kinder, Großmatronen,
Jägerinnen viel und Amazonen,
Freche Dirnen wohl mit Ernsten, Frommen
Auf dem Edelhof zusammenkommen.

Ungezählte bräutlich schöne Zimmer,
Da und dort wohl mädchenhafter Flimmer,
Ungezählte rosge Hochzeitsbetten
Und daneben heimlich traute Stätten;
Rosenfarbig ausgeschlagne Stübchen
Für die Harfnerinnen und Schönliebchen;
Ungezählte Schalen mit Getränken,
Ungezählte Köche wohl und Schenken,
Ungemeßner Raum zu freiem Walten
In dem Hochzeitshause ist enthalten.

Ungezähltes Kommen oder Gehen,
Abschiednehmen, Kehren, Wiedersehen,
Essen, Trinken, Tanzen, Liebesgrüßen,
Liebgewordnes wohl umarmen müssen;
Ungezähltes inniges Umfassen,
Götterfreies wohl gewähren lassen;
Ungezähltes Leid und Selbstvergessen
In dem luftgen Saale, – währenddessen
Ungezählte selige Minuten
An dem Freudenheim vorüberfluten.

Christian Wagner

Kirsch-Blühte bey der Nacht

Ich sahe mit betrachtendem Gemüte
Jüngst einen Kirsch-Baum, welcher blüh'te,
In küler Nacht beym Monden-Schein;
Ich glaubt', es könne nichts von gröss'rer Weisse seyn.
Es schien, ob wär ein Schnee gefallen.
Ein jeder, auch der klein'ste, Ast
Trug gleichsam eine rechte Last
Von zierlich-weissen runden Ballen.
Es ist kein Schwan so weiß, da nemlich jedes Blat,
Indem daselbst des Mondes sanftes Licht
Selbst durch die zarten Blätter bricht.
So gar den Schatten weiß und sonder Schwärze hat.
Unmöglich, dacht' ich, kann auf Erden
Was weissers ausgefunden werden.
Indem ich nun bald hin bald her
Im Schatten dieses Baumes gehe:
Sah ich von ungefehr
Durch alle Bluhmen in die Höhe
Und ward noch einen weissern Schein,
Der tausend mal so weiß, der tausend mal so klar,
Fast halb darob erstaunt, gewahr.
Der Blühte Schnee schien schwarz zu seyn
Bey diesem weissen Glanz. Es fiel mir ins Gesicht
Von einem hellen Stern ein weisses Licht,
Das mir recht in die Sele stral'te.
   Wie sehr ich mich an GOtt im Irdischen ergetze,
Dacht' ich, hat Er dennoch weit gröss're Schätze.
Die gröste Schönheit dieser Erden
Kann mit der himmlischen doch nicht verglichen werden.

Barthold Hinrich Brockes

Das Holz der Rede

Ich komme gleich. Ich ging nur mal hinunter
längs des sich selbst noch durch den sterbenden
Garten geschlängelt fortschleichenden Wegs,
als da der Apfelbaum im frühen Licht
zwar noch an seiner alten Stelle stand,
doch seltsam schief, ein schwarzes Bild des Todes,
und sich, als ich hinzutrat: Halte aus,
langsam vornüber neigte übers Gras
und seinen Stamm auf meine Schulter legte,
daß ich fast umsank unter seiner Last
und bei mir sprach: So ist die Welt.
Der eine fährt Auto und wundert sich nicht,
der andere stützt einen Baum,
während im Nachbargarten
die apokalyptische Säge schon schreit.
Doch jemand muß hier noch die Arbeit machen
Und fröhlich sein. Das ist mein Teil.
Denn besser, gerad noch gerade zu stehn,
als gleich begraben zu sein unterm Stamm,
dachte ich in meiner aufrechten Art,
und Regen rann durch meine Hosenbeine,
wenn mich nicht Sonne dankbar dampfen ließ,
ehe du wieder Abendessen riefst
und Dunkelheit auf meinen Schultern ruhte.
So hielt der Baum mich, da ich ihn noch stützte,
und stützte mich, indem ich ihn noch hielt,
und eines Morgens spürte ich im Nacken
ein kitzliges Geschläuf von Fädchen, Spitzen.
Die Staude grünte noch. Und ich, umzwitschert,
inmitten einer Wolke kleiner Knospen,
die, weiß, ein rötliches Geschipper lupfte,

glaubte zu schweben unter meiner Last,
so daß ich, als erneut dein Licht vom Haus
herüberschimmerte und sich dein Warten
verhundertfachte oben in den Zweigen,
im Schnee der Blüten schwarz verdämmernd
unter der Sterne eisigerem Schnee,
auch noch das All auf meinem Rücken trug,
und nun wohl einschlief, und im Holz der Rede
vor mich hinknarrte: Ja, ich komme gleich.

Thomas Rosenlöcher

Vorbitte wegen eines Nussbaums
An Palemon
(Zu Magdeburg den 18ten des Herbstmonaths 1761)

Erheitre nicht des Garten-Hauses Wände,
Und fälle nicht, um einer Handbreit Raum,
Durch Eisen und durch zwey gedungne Hände,
Den schattigten Baum.

Selbst der Prophet, der Ninivens Verderben
Hartnäckig foderte, ganz Menschenfeind,
Hat einst, gerührt von einer Pflanze Sterben,
Den Kürbis beweint.

Und du, ganz Menschenfreund, du willst die Hiebe
Im hohen Baum? auf dessen Zweigen oft
Ein Vogel singt, der lockend, seiner Liebe
Befriedigung hofft?

Das willst du nicht. Denn wann auf welchem Sitze
Du wie ein Fürst, in selbst geschaffner Ruh
Dich hier verbirgst, dann decket vor der Hitze
Sein Schatten dich zu.

Er ist ein Herzog im Bezirk des Gartens.
Die Pyramiden-Bäume wuchsen nur
So durch die Kunst. Er spottete des Wartens,
Ihn zog die Natur!

O welch ein Leib! mit was für starken Gliedern
Versah sie ihn! So stand in Priams Stadt
Einst Hector unter allen seinen Brüdern,
Von Kampfe nicht matt.

Dein Baum, der Held, steht, wann der Frost dem Leben
Des Weinstocks und des Pfirsich-Baumes droht,
Dann steht er von Pomonens Schutz umgeben,
Nicht fürchtend den Tod.

Mit andern Trauben als der Weinstock träget
Prangt er im Herbst; und liefert seinem Herrn
Indem ein Holz ihn unbarmherzig schläget
Den lieblichen Kern,

Gewachsen in dem Umfang harter Schalen.
So liegt im schlechten Cörper oft versteckt
Ein Herz, nicht mit dem Glanze zu bezahlen
Der Mißgunst erweckt.

So hart wie sie, soll gegen fremde Lüste
Dein Mädchen seyn, für dich allein nur schön.
Weyh ihr den Baum, und sag einst: du Geküßte!
Dir ließ ich ihn stehn!

Anna Louisa Karsch

Oden an meinen Freund

Erste Ode

Verpflanze den schönen Baum,
Gärtner, er jammert mich.
Glücklicheres Erdreich
Verdiente der Stamm.

Noch hat seiner Natur Kraft
Der Erde aussaugendem Geize,
Der Luft verderbender Fäulnis,
Ein Gegengift, widerstanden.

Sieh, wie er im Frühling
Lichtgrüne Blätter schlägt!
Ihr Orangenduft
Ist dem Geschmeiße Gift.

Der Raupen tückischer Zahn
Wird stumpf an ihnen,
Es blinkt ihr Silberglanz
Im Sonnenscheine.

Von seinen Zweigen
Wünscht das Mädchen
Im Brautkranze,
Früchte hoffen Jünglinge.

Aber sieh, der Herbst kömmt,
Da geht die Raupe,
Klagt der listigen Spinne
Des Baums Unverwelklichkeit.

Schwebend zieht sich
Von ihrer Taxuswohnung
Die Prachtfeindin herüber
Zum wohltätigen Baum.

Und kann nicht schaden.
Aber die Vielkünstliche
Überzieht mit grauem Ekel
Die Silberblätter,

Sieht triumphierend,
wie das Mädchen schaurend,
Der Jüngling jammernd,
Vorübergeht.

Verpflanze den schönen Baum,
Gärtner, er jammert mich.
Baum, danke dem Gärtner,
Der dich verpflanzt!

Johann Wolfgang Goethe

So viele Dinge
Ruft ins Gedächtnis mir
Die Kirschenblüte

Bashô

Die siebfachen Plagen

Der Garteneinsatz

Eines Morgens mußten die Abgründe der Rosen überstäubt werden. Dennoch verstärkte sich ein gewisses Flimmern nicht nur auf dem Dach des Hauses, auf dem es noch als gewöhnliche Lichtzersplitterung gelten mochte, sondern auch der Apfelbaum schien von zahllosen Flügeln befallen, und in seinem Schatten, wo auf dem Tisch eine Taschenuhr lag, hielten sich winzige Schwerelosigkeiten zwischen ihrem Tick und ihrem Tack.

Freilich gelang es, die Uhr an die Kette zu legen. Folgsam trotteten die Minuten hinüber in den Nachmittag, der im Zeichen des Aufreißens und Abhauens bis hinüber zum Zaun stand. Nur zwischen den Messern der Maschine, die das Gras zum siebenten Mal köpfte, flirrten noch immer ganze Abteilungen unwägbarer Wesen hartnäckig auf und nieder.

Thomas Rosenlöcher

Im Garten

Hüte, hüte den Fuß und die Hände,
Eh sie berühren das ärmste Ding!
Denn du zertrittst eine häßliche Raupe,
Und tötest den schönsten Schmetterling.

Theodor Storm

Raupe und Schmetterling

»Wie, die Raupe vertilgst du – so fragt' ich zornig den Gärtner –
Welche den Schmetterling zeugt?« Doch er versetzte darauf:
Dieser flöge davon, er würde bei mir nicht verweilen,
Jene aber entlaubt mir den Ernährer, den Baum!

Friedrich Hebbel

Der Kohl

Unter all den hübschen Dingen
In der warmen Sommerzeit
Ist ein Korps von Schmetterlingen
Recht ergötzlich insoweit.

Bist du dann zu deinem Wohle
In den Garten hinspaziert,
Siehst du über deinem Kohle
Muntre Tänze aufgeführt.

Weiß gekleidet und behende
Flattert die vergnügte Schar,
Bis daß Lieb und Lust zu Ende
Wieder mal für dieses Jahr.

Zum getreuen Angedenken,
Auf den Blättern kreuz und quer,
Lassen sie zurück und schenken
Dir ein schönes Raupenheer.

Leidest du, daß diese Sippe
Weiterfrißt, wie sie begehrt,
Kriegst du nebst dem Blattgerippe
Nur noch Proben ohne Wert.

Also ist es zu empfehlen,
Lieber Freund, daß du dich bückst
Und sehr viele Raupenseelen,
Pitsch, aus ihren Häuten drückst.

Denn nur der ist wirklich weise,
Der auch in die Zukunft schaut.
Denk an deine Lieblingsspeise:
Schweinekopf mit Sauerkraut.

Wilhelm Busch

»Sprich, wie werd ich die Sperlinge los?« so sagte der Gärtner,
»Und die Raupen dazu, ferner das Käfergeschlecht,
Maulwurf, Erdfloh, Wespe, die Würmer, das Teufelsgezüchte?«
Laß sie nur alle, so frißt einer den anderen auf.

Johann Wolfgang Goethe

HAUSRECHT

Keinem Gärtner verdenk ich's, daß er die Sperlinge scheuchet,
Doch nur Gärtner ist er, jene gebar die Natur.

Friedrich Schiller

Von Vogelscheuche
Zu Vogelscheuche huschen
Die kleinen Spatzen.

Sazanami

Wo kräuter gut gewachsen sind
   in einem grünen garten
   da lasse sie ein kluger mann
   nicht ohne seinen schutz
er mag sie hüten wie ein kind
   nach ihren eigenarten
   das regt die lust des herzens an
   und kommt ihm sehr zunutz

sprießt unkraut in den beeten
   so muß er kräftig jäten
   und darf sich nicht verspäten
   daß distel nicht und dorn
sich darin listig mehren
   die arbeit sehr erschweren
   er muß es ihnen wehren
   sonst ist die müh verlorn

Walther von der Vogelweide

Das Ahrimansgeschmeiß,
Das auf der Welt nichts weiß
Als gutes Laub zu nagen
Und frommes Blut zu plagen;

Das Ahrimansgeschmeiß,
Kein Wetter kalt noch heiß,
Kein Wetter naß noch trocken
Bringt sein Geschäft in Stocken.

Das Ahrimansgeschmeiß
Hab' ich mit allem Fleiß
In allen seinen Arten
Verfolgt in meinem Garten.

Das Ahrimansgeschmeiß,
Wie ich nur kann und weiß,
Versuch ichs auszurotten,
Doch seh ichs meiner spotten.

Das Ahrimansgeschmeiß
Wenn ich von einem Reis
Es glücklich bringe nieder,
Besteigts das andre wieder.

Das Ahrimansgeschmeiß,
Wenn ich in meinem Kreis
Es habe ganz begraben,
Von meinem Nachbar werd' ichs wieder haben.

Friedrich Rückert

ERDREICH

Nachrichten aus dem Leben der Raupen
Der Kuckuck stottert und die gebackenen Beete
Zerreißen sich wenn ich Gießkannen schleppe
Die mir überantworteten Gewächse verlausten Gemüse
Hilflos betrachte, als ich vor Jahren
In meines Vaters Garten ging
Gab es die siebfachen Plagen
Höllisches Ungeziefer nicht und der Boden
Tat noch das Seine, der hier
Ist ein Aussteiger niederträchtig und faul
Ihn muß man bitten den Dung
Vorn und Hinten einblasen sonst bringt er
Nicht maln Pfifferling vor was müssen die Menschen
Das Erdreich beleidigt haben, mir erscheint
Siebenundzwanzig Rosenstöcke zu retten
Ein versprengter Engel den gelben Kanister
Über die stockfleckigen Flügel geschnallt
Der himmlische Daumen im Gummihandschuh
Senkt das Ventil und es riecht
Für Stunden nach bitteren Mandeln.

Sarah Kirsch

Der Stall gewährt ihm einen Haufen Dung
mit schnell vergornen Salzen imprägnirt
und resistent gen jeden Frostwind;
und eh die Buche und die Ulme noch ihr Herbstlaub
ganz abgeschüttelt, wenn Novemberdunkel
das Wachstum hemmt in der erstarrten Pflanze,
die seinem kalten Odem ausgesezt, beginnt sein Werk.
Bedächtig darum, und mit kluger Sorgfalt
sucht eine günstge Stelle er: daß, wo
der Haufe aufgeschichtet, sich sein Rahmen
zum Meridian der Sonne öffne – hinterrücks
hingegen dicht geschüzt von Mauer, Schilfrohr oder
    Hecke,
windundurchlässig sey.   Erst läßt er trocknen Farn
oder zu Streu gedörrtes Heu ausstreun, das alle Feuchte
von unten aufsauge, sodann gemächlich drüberbetten,
es leichthin schüttelnd mit agiler Hand
aus voller Forke, das durchweichte Stroh.
Je länger, desto dichter: so formts sicher
die gleichmäßige Seite, welche Schicht vor Schicht
die überhäng'nde Breite annimmt, die
mit ihren vorkragenden Traufen die Basis überschirmt.
Den aufgerichten Rahmen, kompakt gefugt
und überdekt von klarem, durchsichtigem Glas,
sezt er sodann dem schrägen Hügel auf,
des steiler Überhang unter der aufgedruckten Scheibe
in Fülle sicher niederriesele –
er schließt ihn fest –: die erste Arbeit endet.
Noch dreimal muß die rollbar-ruhelose Erde sich
um ihre Achse wälzen, eh die Wärme
die in der Mitte mählich sich gesammelt, durch die vier-

eckichte Masse ausströmt, an die Oberfläche steigt,
wo, siehe! –: ein äußerst beizender, pestilenzalscher
    Dampf,
gleich Nebel aus Böotien, schnell aufsteigend,
flugs condensirt auf dem beschlagnen Fensterrahmen,
nach Abzug heischt –: daß, wenn gewährt, der
    überschwere
Compost frei seinen nassen Dunst
aus langsam umgewälzten Schichten atme
und, so gereinigt, über den Verzug *auf*atme
des faulichten Bewohners.   Indes, die ungeduld'ge Glut
zu stillen, die rauchend er im Busen hegt, Tod drohend
den jungen Hoffnungen, verlangt besonnenes Verzögern.
Erfahrung, die langsame Erzieherin, die oft
den Königsweg durch übelstes Mißlingen lehrt,
muß einflüstern dem Mann, ihn mahnen,
wie er den günstigen Moment abpaßt, wo die
    geschwächte
Erhitzung, der Lebensregung wohlgesonnen,
just jene sachte Fermentirung gönnt, die Saatgut braucht.
Die *Saat*, klug handverlesen, dick & glatt
und glänzend, vertraut er Näpfen kleinen Umfangs an,
die gut gefüllt mit wohlbereiteter
fruchtbarer Krume, welche lange aufbewahrt
und keine Feuchtigkeit aus Tröpfelwolken sog:
sie sezt er leicht auf diesen warmen und belebenden
Humus, der jenen Dünger, der da raucht, birgt;
deckt alles ab; und da die Wut der Fermentirung
sich sänftigt mit der Zeit, senkt er sie tief
ins weiche Medium, bis sie fest eingebettet stehn.
Dann sprießt der zarte Keim, schießt rasch
empor und spreizt sich, schwammicht & gelappt,
erst fahl & bleich – doch nimmt er bald,
wenn er von nährstoffreicher Balsamluft gefächelt,
sich durch die Deckung zwängend, ein lebendges Grün an.

Nachdem zwei Blättchen vorgekraucht, zwei grob
    gekerbte,
zupft er umsichtig aus dem zweiten Stiel
ein Fitzelchen, das einen komm'nden Keim andeutet,
indes sein Wachstum ausschließt. Von dort her folgen
direkt die Zweige, so stark wie er nur wünscht,
sie alle sprossend: Vorboten von mehr.
Die engen Wurzeln fodern nun mehr Platz
und Transplantirung an geräumigere Stelle.
Ihr Wunsch sey ihm Befehl –: schon treiben sie
ein breites Blattwerk aus, das goldne Blumen überschattet,
die auf der Frucht in spe nun aufgeblüht.
Sie haben ihr Geschlecht, und wenn der Sommer leuchtet,
so transportirt die Biene ihren fruchtbarn Staub
von Blüt' zu Blüte; selbst die bewegte Luft
weht seinem vorbestimmten Zwecke zu den Schatz.
Nicht so, wenn Winter schmollt.   Künstliche Hül-
fe handelt dann im Dienste der Natur, gewährt
das frohe Hochzeitsfest und sichert gleich den
    Nachwuchs.
  Grollt nicht, ihr Reichen (da Luxus seine Nascherey
halt braucht, und ja die größre Hälfte dieser Welt sich
davon, daß sie euch Gaumenkützel schafft, ernährt),
grollt nicht den Kosten.   Ihr kennt ja kaum die Sorge,
die Wachsamkeit & Arbeit, das Geschik,
die Tag und Nacht man walten läßt, und die
an kniffliger Balance des Zögerns hangen,
damit ihr eure Tafel üppig ziert
mit Sommerfrucht, gereift in Wintersonne.
Zehntausend Risiken liegn auf der Lauer, den Process
zu kreuzen.   Hitze, Kälte, Wind & Dampf,
Fäulnis wie Dürre, Mäuse, Würmer, Schwarmfliegen
wie Staub so winzicht und unzählig, sie bewirken
oft herbe Täuschung, gegen die kein Kraut gewachsen,
der keine Sorgfalt wehren kann.   Es wäre lang,

zu lang, die Kunstgriffe und Notbehelfe aufzuzählen,
die der, so gegen grimme Jahreszeit ankämpft,
ersinnt, da er das zart ihm Anvertraute hütet
und oft, am End, umsonst.   Der weise und gelehrte
Sarkastiker würd hier den Sang so kalt wie sei-
nen Gegenstand befinden, und wie sein Thema eine Frucht
zu vieler Müh: wertlos, wenn producirt.

William Cowper

Welch kräftige Farben
sind hier gemischt

Der Blumist

Wieder muß ich jeden Morgen
Eilig in den Garten gehn:
's Ist die erste meiner Sorgen,
Meine Blumen zu besehn.

Welche Lust, wenn's grünt und sprießet,
Wenn ein Blümchen über Nacht
Schüchtern seinen Kelch erschließet
Und dann blüht in voller Pracht!

Frühling, gieb uns deinen Segen!
Gieb zu fröhlichem Gedeihn
Deinen Sonnenschein und Regen
Unsern lieben Blümelein!

August Heinrich Hoffmann von Fallersleben

Zulezt thun vor dem Auge im vollend'ten Garten
sich seine Durchblicke und grünen Baumspaliere auf.
Blinzelnd durchs blühnde Labyrinth schweift, abgelenkt,
der rasche Blick: bald schwingt der Laubengang
durch heimliches Versteck, wo kaum ein Tagesstrahl
das ausgedehnte Dämmer sprenkelt, lang sich hin –
bald öffnet sich des Himmels Rund – dann wieder
des Stroms Gekräusel – der See, geriffelt von der Brise –
verdunkelnd, sich der Wald – des Kirchturms Spize
    schimmernd
bis zum ätherischen Gebürge, und weit fern: dem
    offnen Meer.
Doch warum in die Ferne schweifen, wenn ganz nah
entlang der prangenden Begrenzung, thaubeglänzt,
in der vermengten Blumen Wildnis sich der Lenz
mit schöner Hand an seinem Busen allen Schmuck
    entblößt:
erst Schneeglöckchen und Krokus streut, sodann
Maaßliebchen und Narzisse, das Veilchen dunkelblau
und Polyanthus in unzählbaren Schattierungen,
den gelben Goldlack, eisenbraun gescheckt,
und reichlich Wuchs, der rings den Garten mit
Arom durchduftet und vom sanften Flügel
vernalscher Winde ausgeweht wird: Anemonen –
hier zierer noch, Aurikeln,
mit lauter Schimmerstaub auf sammtnen Blättern –
dort runder Hahnenfuß glührot. Dann folgt
das Tulpenvolk, wo Schönheit tändelt (von
Familie zu Familie anders, wie der Blütenstaub
just fliegt), die Farbe mannigfach zerfließt,
und da sie vor dem hingerissnen Blick changirt,

merkt mit geheimem Stolz der Blumengärtner auf
die Wunder seiner Hand. Kein stufenweises Aufblühn
fehlt hier: von Frühlings erstgeborner Knospe bis
zur sommerlichen Moschusart – nicht Hyazinthen,
jungfräulich weiß geneigt, im Innern rötelnd – noch die
Janquille, kräftig im Duft – auch die Narzisse nicht,
als hing sie überm Sagenborn wie einst –
noch große oder kleine lustig geflekte Gartennelken –
noch die aus jedem Busch tropfende Damaszenerrose.
Zahllose Arten, Düfte, Köstlichkeiten
und Ton um Ton –: kein Ausdruck kann sie malen –:
den Odem der Natur und ihr Erblühen sonder Ende.

James Thomson

Nichts bleibt, wo's ist
In memoriam Pfarrer Flye, 1884–1985

Das Seltsame und das Wunderbare sind zu sehr um uns.
Die Protea der Antipoden – eine große,
runde, flammende Honigbiene von einer Blume –
im Supermarkt zu kaufen! Das ist unsere
Dekadenz. Es steht uns nicht zu.
Was haben wir getan, daß wir die ganzen
Früchte der Tropen verdienten –
diesen feurigen Schatz, diese Üppigkeit,
aufgehäuft wie Kanonenkugeln, diese Ananasfrüchte,
    gekerbt
und bekrönt, sie stehen wie Truppen habtacht,
diese Ränge, diese Balkone von Grün, Girlanden,
prächtig geworden durch gebückte Arbeit?

Das Exotische ist überall, es kommt zu uns,
eh noch eine Sehnsucht da ist oder ein Bedürfnis. Die Obst-
und Gemüsehändler in der Innenstadt und den
    Wohnvierteln
sind aus Südkorea. Orchideen, Opulenz eimerweise, nur ein
    wenig
ermattet während der Flugzeugreise von Hawaii, sind
auf dem Bürgersteig angeordnet, Alstroemerien, Freesien,
ein wenig aufgedickt während ihrer Entrückung aus
    Übersee; Gladiolen,
ebenfalls entfremdet ihrem durchdringenden originalen
    Karmesin,
und hier noch, kaum verändert gegenüber der alten blauen
    Kornblume
an den Straßenrändern und Bahndämmen Europas, die
Hagestolzknöpfchen. Aber es sind nicht die Bahndämme,
an die mich ihre federgewichtigen Kobalträder erinnern, es ist

eine Reihe davon zwischen den säuberlichen Kolonnaden
 aus Cosmea,
Löwenmäulchen, Kapuzinerkresse, blutseidigem rotem
 Mohn
im Garten meiner Großmutter: eine Präriekindheit,
das Grasland wurde abgeschoren, mit einem Katasternetz
 überzogen,
entsiegelt, gepflügt, geeggt und besät mit eingewanderten
 Gräsern,
deren massive Kordsamtflächen, deren wogender Filz hie
 und da
bestickt waren mit einem scharlachroten Ärmelstreifen
 Cannas
auf einem Rasen am Gerichtsgebäude, mit einer
 Liebesschleife, einem Kreuzstich
lebender Materie, ausgesät und gepflegt von Frauen,
den Nährerinnen des Seltsamen und Wunderbaren allerorts,
unter deren Händen das, was fremd war, zu wachsen
 beginnt
(indem es sich ändert), als sei es einheimisch.

Aber in dieser Ferne erscheint mir seltsam und wunderbar
(während ich langsam durch die Nebenstraßen Manhattans
 gehe,
an einem Aprilnachmittag, die hybriden Birnbäume blühen
 sehe,
eine schwindelnd schwankende Kolonnade droben aus
 Schaum)
der weiße Blütenblätterfall, das warme Schneewehen
der einheimischen Wildpflaume meiner Kindheit.
Nichts bleibt, wo's ist. Die Welt ist ein Rad.
Alles, was wir wissen, woraus
wir bestehen, ist Bewegung.

Amy Clampitt

BLUMEN

In märzentagen streuten wir die samen
Wann unser herz noch einmal heftig litt
An wehen die vom toten jahre kamen
Am lezten kampf den eis und sonne stritt.

An schlanken stäbchen wollten wir sie ziehen ·
Wir suchten ihnen reinen wasserquell ·
Wir wussten dass sie unterm licht gediehen
Und unter blicken liebevoll und hell.

Mit frohem fleisse wurden sie begossen ·
Wir schauten zu den wolken forschend bang
Zusammen auf und harrten unverdrossen
Ob sich ein blatt entrollt ein trieb entsprang.

Wir haben in dem garten sie gepflückt
Und an den nachbarlichen weingeländen ·
Wir wandelten vom glanz der nacht entzückt
Und trugen sie in unsren kinderhänden.

Stefan George

An einen Blumengarten

Sehnsuchtstränen rinnen dir oft, die süßen
Sehnsuchtstränen später Erinnrung, werte
Szene meiner goldenen Knabenfreuden,
    Bester der Gärten!

Deiner Beete blitzende Wechselfarben,
Wo sich Buttervögel im Tau besahen
Und auf Silberrosen das Bild des schönen
    Frührots sich malte;

Deine Blütenlauben, wo Nachtigallen
Maienlieder flöteten, kleine Bienen
Ihr Entzücken summeten, stehn mir immer,
    Immer vor Augen.

Immer, immer schau ich die werten Plätze,
Wo du mit mir wandeltest, teurer Vater!
Wo dein Mund, dein redlicher Mund, der Tugend
    Schöne mich lehrte:

Und die Kräutervasen, wo Juliane
Durch die tausendfarbigen Frühlingsblumen
Hüpfte, sanft beschimmert vom Abendgolde,
    Zephirlich hüpfte.

Welch ein Wonnelächeln um ihre Wangen
Schwebte! Noch im Eden der Toten Gottes
Will ich deiner, lächelndes Mädchen, deiner,
    Garten, gedenken!

    Ludwig Christoph Heinrich Hölty

GARTENWELT

Der offne Mohn erhellt die Gartenwelt verwundert,
Die Morgensonne fällt durch feuerrote Kressenblüten,
Und Schmetterlinge, all die hundert weißen, stummen,
Auf heiße Blumen hingestellt, als ob sie brüten.
Gleich Bienenstöcken alle Bäume brummen,
Sie wachsen ihre krummen Wege in die Luft.
Sie blähen sich, gleich grünen Weiberröcken,
Und stehen doch gedankengroß auf ihren Pflöcken;
Wohnen zur Hälfte lichtlos in der Gruft,
Lebend begraben mit den Wurzelstöcken,
Und sind bewegt, aufwiegelnd anzusehen,
Die blanken Kronen in der Freiheit spiegelnd,
Indes die trägen Wurzeln dunkel gehen
Und sich im Erdschacht bei den Würmern regen.
Die Bäume legen uns, von drunten aus der Nacht,
Den Schatten hin, den schwarzen, schrägen,
Und haben Kühle mit heraufgebracht
Aus ihren unterirdischen Wurzelwegen.
Wie Frohgefühle stehen sie beim Tagesgeiste
Und graben tief nach unentdeckten Quellen,
Und sind erhaben Leidenschaften, himmeldreiste,
Die sich errichten über Erdenzellen,
Hinstellen über dem Gewürm
Der Blätter rauschendes Getürm
Und füllen ihre Brust, enthüllen unbewußt
Sich Dunkelm und dem Hellen.
Sind offene Käfige, drin Vogelherzen dichten,
Und stecken mit den Füßen in der Erde Schmerzen
Und decken mit den Kronen ihrer Erde Trubel,
Indessen Liederjubel sie beschwichten.

Das macht den Garten mehr als einen grünen Tisch,
Daß unterirdisch Baum und Blumen sich erleben,
Und nicht nur wie im Raum, als bunter Wolkenwisch,
Die Gärten farbig vor den Augen schweben,
Daß sie, wie ohne Schranken, versenken und erheben,
Frisch wie Gedanken und Gefühl,
Und wie der Liebsten kühl und hitziges Gemisch.

Max Dauthendey

Garten

Betret' ich nun des Gartens grüne Gänge?
   Wie frisch und lieblich dort die tiefen Gründe!
   Die Einsamkeit holdseelig und gelinde,
Wie Chorgesang rauscht hier das Baumgedränge.

Was find' ich an dem blühenden Gehänge?
   Wie! Thränen an so manchem bunten Kinde?
   Was seufzen denn so bang die Abendwinde?
Wo tönen her so zauberhaft Gesänge?

Sind wohl so spät in Wand'rung noch die Bienen?
   Schlummern hier Lieder aufgeweckt von Sternen?
   Des Waldes Geister, in der Bäume Kronen? –

Gesangs-Göttinnen, die den Hain bewohnen,
   Sind jetzt, herdenkend, weit in andern Fernen,
   Drum klagt so Wind, wie Staud', und Baum im Grünen.

Echo.

       Thal, Wald muß ihnen dienen,
Sie sind Gesang, und welchen Baum sie denken,
Der muß süßklingend seine Zweige senken.

Ludwig Tieck

Der Garten zu Schwaigern
(An den Herrn Grafen Alfred v. Neipperg)

Zu Schwaigern steht ein schöner Garten,
Ich schau' ihn stets mit Freuden nur,
Mit Lust bemüht ist ihn zu warten
Ein edler Liebling der Natur.

Der Rosenflor, den er gezogen,
Der Georginen bunte Zahl
Gleicht einem farb'gen Regenbogen,
Der von dem Himmel sank zu Tal.

Platanen auch und Pinien heben
Ihr grünend Haupt zum Himmel fromm,
Ein Zeuge von vergangnem Leben
Schaut ernst durch sie der alte Dom.

Ein Schloß, von Efeu grün umfangen,
Begrenzet diese bunte Flur,
Üppig in warmen Beeten prangen
Die Kinder südlicher Natur.

Hier hängen der Hortensia Dolden
Herab in schwerer Blüten Wucht,
Dort glänzt aus dunklem Laube golden
Italiens Orangenfrucht.

Noch dunkler Laub! noch schönre Blüten,
Wie sie nur Edens Garten sah!
Feurig, wie kaum je Rosen glühten,
Erglüht hier die Kamelia.

Des Mittlers Leidenspflanze säumet
Mit heil'ger Blüt' des Hauses Wand,
Dran eine Palme lehnt und träumet
Von ihrer Heimat fernem Land.

Pfleger des Gartens! laß mich weilen
Bei ihr! mitträumen ihren Traum,
Glut jenes Himmels mit ihr teilen,
An Euphrats Strand ein heil'ger Baum.

Da sieht sie hoch den Ibis fliegen
Von heil'gen Stätten hergeweht,
Zephire ihre Blätter wiegen,
Die säuseln wie ein still Gebet.

Ein Singen rings um sie und Düften
Von bunten Vögeln, Blüten viel,
Und vor ihr in azurnen Lüften
Der Fee Morgana Zauberspiel.

So träumt die Palme, kennt die Ferne
Nicht, die sie von der Heimat trennt,
Weil sie nicht Nordens kalte Sterne
Bei dieser milden Pflege kennt.

Oft ist's auch mir schon vorgekommen,
Als sei aus einem wärmern Land
Ich auf die kalte Flur gekommen,
Dir, Südens Palme, so verwandt.

Es dringt das Eis von Deutschlands Fluren
Gar schmerzlich in das Herze mir,
Dann treibt's zu sonnigern Naturen
Mich oft in Träumen weit von hier.

Doch wie hier wärmrer Zonen Kinder
Treu deine Hand, du Edler, pflegt,
So hast du schützend mich nicht minder
Auch an dein warmes Herz gelegt.

Seitdem fällt mir, die ich verloren,
Die wärmre Heimat seltner ein,
Und heut' am Tag, der dich geboren,
Fühl' ich kein Eis – nur Sonnenschein.

Justinus Kerner

Der Garten

Ich sah meine Heimat durch blühende Ranken,
Durch schneeweiße Kirschbäume leuchtet das Heim.
Der Flieder verinnigt uns Frühlingsgedanken;
Narzissen am Nesterrain lächeln geheim.

Der Morgen verjünglingt den Nachtigallweiher.
Ich liebe die glühenden Lauben im Tau.
Die Rosen entflammen zersilberndem Schleier,
Erblaut ist die Wonne, voll Sonne die Au.

Die Mandeln erblühen wie kindliche Wangen,
Erst schüchtern, verlegen, oft wundervoll rot.
Die Äste, mit nassen Glizinien behangen,
Beträumen ein Taudiamantangebot.

Es lacht unsre Heimat im Glitzern der Wicke:
Sie weckt aller Wesen umrätselten Tod.
Sie nickt aus der Nelke beseligtem Blicke:
Die Heimat umblaut sich für Sonnengeschicke.

Theodor Däubler

Der schöne Garten

Von blühenden Fruchtbäumen schimmert
Der Garten, die kreuzende Gänge
  Mit roter Dunkelheit füllen;
Und Zephyr gaukelt umher,
  Treibt Wolken von Blüten zur Höhe,
Die sich ergiessen und regnen. –
  Zwar hat hier Wollust und Hochmut
Nicht Nahrung von Mohren entlehnt
  Und sie gepflanzet; nicht Myrten,
Nicht Aloen blicken durchs Fenster –
  Das nützliche Schöne vergnüget
Den Landmann und etwa ein Kranz. –
  Durch lange Gewölbe von Nussstrauch
Zeigt sich voll laufender Wolken
  Der Himmel, und ferne Gefilde
Voll Seen und buschige Täler,
  Umringt mit blauen Gebirgen. –
Die Fürstin der Blumen, die Lilie,
  Erhebt die Krone zur Seiten
Hoch über streifige Tulpen –
  O Tulipane, wer hat dir
Mit allen Farben der Sonne
  Den offnen Busen gefüllet? –
Ich grüßte dich Fürstin der Blumen,
  Wenn nicht die göttliche Rose
Die tausendblättrige schöne
  Gestalt, die Farbe der Liebe,
Den hohen bedorneten Thron, und
  Den ewigen Wohlgeruch hätte! –

Die holde Maiblume drängt
  Die Silberglöckchen durch Blätter;
Hier reicht mir die blaue Jacinthe
  Den Kelch voll kühler Gerüche:
Es steigt unsehbarer Regen
  Von lieblichen Düften zur Höhe,
Und füllt die Lüfte mit Balsam.
  Die Nachtviole lässt immer
Die stolzeren Blumen den Duft
  Verhauchen; sie schliesset bedächtig
Ihn ein, im Vorsatz, den Abend
  Noch über den Tag zu verschönen! –
Seht hin, wie brüstet der Pfau
  Sich dort am farbigen Beete,
Voll Eifersucht über die Kleidung
  Der fröhlichen Blumen stolziert er,
Kreist rauschend den grünlichen Schweif
  Voll Regenbögen, und wendet
Den farbentrügenden Hals.
  Die Schmetterlinge, sich jagend,
Umwälzen sich über den Bäumen
  Mit bunten Flügeln; voll Liebe,
Und unentschlossen im Wählen,
  Beschauen sie Knospen und Blüten.
Indessen impfet der Herr
  Des Gartens, Zweige von Kirschen
Durchsägten Schlehstämmen ein,
  Die künftig über die Kinder,
Die sie gesäuget, erstaunen.
  Das Bild der Anmut, die Hausfrau,
Sitzt in der Laube von Reben,
  Pflanzt Stauden und Blumen auf Leinwand;
Die Freude lächelt aus ihr:
  Ein Kind, der Grazien Liebling,

Mit zarten Armen am Hals
  Ihr hangend, hindert sie schmeichelnd,
Ein andres tändelt im Klee,
  Sinnt nach und stammelt Gedanken.

Ewald Christian von Kleist

Der Blumengarten

Am See, tief zwischen Tann und Silberpappel
Beschirmt von Mauer und Gesträuch ein Garten
So weise angelegt mit monatlichen Blumen
Daß er vom März bis zum Oktober blüht.

Hier, in der Früh, nicht allzu häufig, sitz ich
Und wünsche mir, auch ich mög allezeit
In den verschiedenen Wettern, guten, schlechten
Dies oder jenes Angenehme zeigen.

Bertolt Brecht

Sonnig, erdig, hiesig

Und ich selber fürwahr, wenn ich nicht schon am Ende der Arbeit
Wollte die Segel einziehn und eilt mit dem Schiff nach dem Lande,
Würde vielleicht noch besingen die Pfleg', die die üppigen Gärten
Schmückt, und den Rosenflor des zweimal blühenden Paestum,
Und wie sich freuet am Bach die Endivie, welchen sie einsaugt,
Und die Ufer so grün vom Eppich, und wie die Melone
Wächst zum Bauch, durchs Gras gewunden; nicht wollt ich verschweigen
Narziß, spät noch in Blüt', und den Stengel des schwanken Akanthus,
Efeu, den gelblichen auch, und die Myrte, die grünet am Meere.
Dann ich erinnre mich noch, an Oebalias Türmen, der Feste,
Wo die gelbliche Flut befeuchtet der schwarze Galaesus,
Einen korykischen Greis gesehen zu haben, dem wenig
Morgen verlassenen Lands gehörten, nicht lohnend die Stiere,
Nicht war zum Weiden das Land hier geeignet, nicht taugt' es zum Weinbau.
Dennoch in Dornengesträuch pflanzt' Kohl er vereinzelt und weiße
Lilien rings und schwächlichen Mohn und heilige Kräuter:
Königen dünkt' er sich gleich an Schätzen, und wenn er am Abend

Spät heimkehrt', belud er den Tisch mit eigenen Speisen.
Als der erste im Lenz pflückt' Rosen und Äpfel im
 Herbst er,
Und wenn des Winters Sturm durch Kälte die Felsen
 zertrümmert'
Und die strömenden Flüsse mit Eisesdecke bezäumte,
Brach er die Blüte bereits der lieblichen Blum'
 Hyazinthe,
Höhnend den Sommer, der spät erscheint, und den
 säumigen Südwind.
Mutterbienen und Schwärme zugleich hatt er früher als
 andre,
Und als der erste entpreßt' er den schäumenden Honig
 den Waben;
Linden hatte er auch und Fichten in reichlicher Fülle,
Und wie viele der Früchte im Blütenkleide der
 Fruchtbaum
Hat angesetzt, so viel trug im Herbst er alle gereift
 auch.
Jener hat auch in Reihen noch spät oft Ulmen
 verpflanzet,
Harten Birnbaum und auch den pflaumentragenden
 Schwarzdorn
Und auch Platanen, um Schatten den trinkenden
 Freunden zu geben.
Doch ich muß dies übergehn, mein Raum ist leider
 beschränkt mir,
Anderen lasse ich gern diesen Stoff, nach mir ihn zu
 singen.

Vergil

FLASCHENKÜRBIS

Siehe, da wächst auch der Kürbis. Aus winzigem Samen zur Höhe
Reckt er sich, streut mit den Schilden der Blätter riesige Schatten
Und entsendet mit üppigen Zweigen haltende Ranken.
Gleich wie der laubige Efeu die ragende Ulme umwindet,
Legt seine schmiegenden Arme vom Mutterschoße der Erde
Rings um den Baum und, reichend empor zum obersten Wipfel,
Decket die Runzeln der Rinde mit seinem frischgrünen Kleide,
Oder auch wie die an Bäumen gezogene Rebe am Stamme
Ranket und oben die Zweige mit Beerenbüscheln bekleidet,
Steigend aus eigener Kraft hinauf in die Höhe der Krone,
Also daß von dem fremden Sitze die rötlichen Trauben
Hangen du siehst, denn Bacchus belastet das grünende Stockwerk,
Und seine stärkeren Triebe zerteilen hoch oben das Laubdach:
So sucht auch mein Kürbis, aus schwächlichem Stamme entsprossen,
Halt an den gabligen Stützen, die man ihm dazu bereitstellt.
Klammernd mit hakigen Ranken, erfaßt er die Zweige der Erle.
Daß kein tobender Sturmwind ihn loszureißen vermöge,
Treibt er gleich viele Ranken hervor, wie er Knoten erzeuget,

Und weil jede am Ende in doppelte Klammern sich
   gabelt,
Packen sie rechts und links von allen Seiten die Stütze.
Gleich wie wenn spinnende Mädchen die weiche Wolle
   hinüber
Ziehn auf die Spindel, und wie sie, geschwungen zu
   großen Spiralen,
Ordnen in zierlicher Windung die ganze Reihe der Fäden,
Also umschnüren in Ketten die weitausholenden Ranken
Und verkleiden von Stufe zu Stufe die rundlichen Zweige,
Bringen es fertig, mit fremden Kräften gar über den
   Dachfirst
Hoher Hallen in schwimmendem Flug triumphierend
   zu steigen.
Wer vermag nun die rings von den Zweigen hangenden
   Früchte
Würdig zu preisen? Sie sind allenthalben mit Furchen
   nicht minder
Sicher geformt, als wenn du gedrechseltes Holz, in der
   Mitte
Künstlich vom Messer des Drechslermeisters geglättet,
   betrachtest.
Abwärts gebogen an schmächtigem Stiele hangen die
   Früchte,
Tragen am schlanken, länglichen Halse gewaltige Körper;
Riesenhaft dehnt sich die Fülle sodann zum
   gewichtigen Leibe,
Alles ist Bauch und alles ist Wanst. Und im Kerker der
   Höhlung
Nähren, geordnet in Reih und Glied, sie zahlreiche Kerne;
Fruchtbar verheißen sie dir entsprechend üppige Ernte.
Ja, solange die Frucht des Kürbis noch saftig und zart ist,
Ehe die Flüssigkeit, die sie im Innern birgt, beim späten
Nahen des Herbstes vertrocknet und rings die Schale
   verholzet,

Sehen wir sie nicht selten mit anderen köstlichen Speisen
Umgehn am Tische; getränket im Fett der dampfenden
    Pfanne,
Mögen fürwahr die wohlzubereiteten Stücke gar
    manchmal
Trefflich den Nachtisch versehen als süße Delikatesse.
Läßt man jedoch die Frucht am Mutterstock ihrer Pflanze
Dulden des Sommers Glut und schneidet sie reif mit
    dem Messer,
Kann als Gefäß sie gestaltet werden zu stetem Gebrauche,
Schafft man die Eingeweide heraus aus dem bauchigen
    Körper,
Schneidend leicht mit dem Eisen, im Drehen das Innere
    glättend.
Eines Schoppens Menge hat manchmal Platz in der
    Höhlung,
Oder sie faßt gar in sich den größeren Teil eines Maßes.
Dieser Krug, verpichst du ihn wohl mit Pechleim,
    bewahret
Lange dir frisch die Gaben des spendenden Bacchus
    Lyaeus.

Walahfrid Strabo

OBSTLIED

Wohl ist der Herbst ein Ehrenmann;
Er bringt uns Schnabelweide.
Auch Nas' und Auge lockt er an,
Und überspinnt, thalab bergan,
Das Feld mit bunter Seide!

Schon lange lüstert uns der Gaum,
Aus seinem Korb zu naschen!
Wann reift doch Apfel, Pfirsch' und Pflaum?
Oft sehn und hören wir im Traum,
Wie's niederrauscht, und haschen.

Schaut auf, und jubelt hoch im Tanz,
Wie sich die Bäume färben!
Gelb, roth und blau in buntem Glanz!
Er kömmt, er kömmt im Asterkranz,
Der Herbst mit vollen Körben!

Von Früchten regnets rund herum,
Und was nur gehn kann, sammelt:
Der eine läuft den andern um,
Der schreit, und macht den Rücken krumm;
Und alles schmaust und dammelt.

Was blinkt von jener Mauer her
So gelb und schwarz im Laube?
Die Leiter an! Wie voll und schwer!
Den Trauben drängt sich Beer an Beer,
Den Ranken Traub' an Traube!

Was rauscht und klappert dort und kracht?
Da hagelts welsche Nüsse!
Frisch, abgehülst und ausgemacht!
Wie euch der Kern entgegen lacht,
Milchweiß, voll Mandelsüße!

Der Baum dort mit gestüztem Ast
Will auch so gerne geben!
Den Apfelbrecher her in Hast,
Und nehmt behend' ihm seine Last,
Im Winter hoch zu leben!

Am Abend prang', o Herbst, zur Schau
Dein Opfer auf dem Tische:
Ein hoher Pyramidenbau
Von edler Frucht, gelb, roth und blau,
In lachendem Gemische!

Komm, Boreas, und stürme du
Das Laub den Bäumen nieder!
Wir machen dir das Pförtchen zu,
Und naschen Nuß und Obst in Ruh,
Und trinken klaren Cider!

Johann Heinrich Voß

LOB DER SCHWARZEN KIRSCHEN

Des Weinstocks Saftgewächse ward
Von tausend Dichtern laut erhoben;
Warum will denn nach Sängerart
   Kein Mensch die Kirsche loben?

O die karfunkelfarbne Frucht
In reifer Schönheit ward vor diesen
Unfehlbar von der Frau versucht,
   Die Milton hat gepriesen.

Kein Apfel reizet so den Gaum
Und löschet so des Durstes Flammen;
Er mag gleich vom Chineser-Baum
   In ächter Abkunft stammen.

Der ausgekochte Kirschensaft
Giebt aller Sommersuppen beste,
Verleiht der Leber neue Kraft
   Und kühlt der Adern Aeste;

Und wem das schreckliche Verboth
Des Arztes jeden Wein geraubet
Der misch ihn mit der Kirsche roth
   Dann ist es ihm erlaubet;

Und wäre seine Lunge wund,
Und seine ganze Brust durchgraben:
So darf sich doch sein matter Mund
   Mit diesem Tranke laben.

Wenn ich den goldnen Rheinstrandwein
Und silbernen Champagner meide,
Dann Freunde mischt mir Kirschblut drein
   Zur Aug- und Zungenweide:

Dann werd' ich eben so verführt,
Als Eva, die den Baum betrachtet,
So schön gewachsen und geziert,
   Und nach der Frucht geschmachtet.

Ich trink und rufe dreymal hoch!
Ihr Dichter singt im Ernst und Scherze
Zu oft die Rose, singet doch
   Einmal der Kirschen Schwärze!

    Anna Louisa Karsch

Blumen sehet ruhig sprießen,
Reizend euer Haupt umzieren;
Früchte wollen nicht verführen,
Kostend mag man sie genießen.

Bieten bräunliche Gesichter
Kirschen, Pfirschen, Königspflaumen,
Kauft! denn gegen Zung' und Gaumen
Hält sich Auge schlecht als Richter.

Kommt, von allerreifsten Früchten
Mit Geschmack und Lust zu speisen!
Über Rosen läßt sich dichten,
In die Äpfel muß man beißen.

Sei's erlaubt, uns anzupaaren
Eurem reichen Jugendflor,
Und wir putzen reifer Waren
Fülle nachbarlich empor.

Unter lustigen Gewinden,
In geschmückter Lauben Bucht,
Alles ist zugleich zu finden:
Knospe, Blätter, Blume, Frucht.

Johann Wolfgang Goethe

Voller Apfel, Birne und Banane,
Stachelbeere ... Alles dieses spricht
Tod und Leben in den Mund ... Ich ahne ...
Lest es einem Kind vom Angesicht,

wenn es sie erschmeckt. Dies kommt von weit.
Wird euch langsam namenlos im Munde?
Wo sonst Worte waren, fließen Funde,
aus dem Fruchtfleisch überrascht befreit.

Wagt zu sagen, was ihr Apfel nennt.
Diese Süße, die sich erst verdichtet,
um, im Schmecken leise aufgerichtet,

klar zu werden, wach und transparent,
doppeldeutig, sonnig, erdig, hiesig –:
O Erfahrung, Fühlung, Freude –, riesig!

Rainer Maria Rilke

HYMNE IN RAINERS GARTEN

Da schlängelteduckte ich, und mit Lust, durch
  untern verhießenen Obstbäumen, durchströmt wie Euter,
untern schwer taumelnden prangenden Fruchtgehängen,
  kirschgrün
  und nußgrün und pflaumengrün ununterscheidbar
in den zart durchschatteten glimmenden Tönungen Grüns,
  und das Licht unaufhörlich sickerte, schlüpfte, lustwandelte
in den schäumenden Laubwerken, durststrotzend, die Bottl
  im Hemd seufzte bei jeder Verbeugung. Da

stand er, brüderlicher Mensch, wie ein Weib herrlich,
  in aufhügelnder Lichtung im laschblätterigen Wuchern,
und Brusthaar wie Nerveden lohte im schneidenden
  Drauflicht,
  und glitschig der Buddhabauch, hälftig, war scharfblau,
ein Stahl, sowie Patinakupfer. Der Spatengriff kippte in nach-
  leuchtendem Bogen.
Da stand er einfach im Licht und war wirklich und stand da
  und kraulte den Nabel mit gleißender Pranke.

Peter Gosse

FRÖHLICHE GESELLSCHAFT
IM GARTEN DES EINSIEDLERS

Da goldgelb sich die Aprikosen färben,
Der Weizen reift,
Und um die jungen Bambussprossen
Der flüggen Elster Kralle greift,

So wollen wir, der heitren Welt Genossen,
Dem frommen Mann zur Qual,
Mit unsern Schönen auf geschmückten Rossen
Durchstreifen Berg und Tal.

»Die Kanne her«! so meint der Tihuvogel.
Wie oft hat ers geschrien!
Doch endlich ist der Ruf des Kuckucks lauter,
Der mahnt, nach Haus zu ziehn.

Ist erst der Wein getrunken, und die Gäste
Zerstreuen sich durchs Tor,
Wie wird es still! Das letzte Licht der Sonne
Bricht durch die schüttern Bäume schräg hervor.

Su Schï

Als sie nach einer Sommerreise ihren Garten wiedersah

Die unter Wunden
aufgesteckte Brombeerhecke
wuchs über sich hinaus,
mit Stachelschlangen
sind die Wege überschossen,
dein Fleiß vergessen,
deine Ordnung überlebt.

Verbrüdert wuchert Kresse
zwischen Bohnen, die Zwiebeln
haben sich mit Wicken
überworfen, der kleine Kürbis
stieg den Baum hinauf,
läßt seine Kugeln bei den Äpfeln
leuchten.

Sich zu verwüsten –
Lust der Gärten. Wenn
du dich freuen könntest,
Gärtnerin. Die Bombe
vom Tomatenstrauch
fällt weich.

Peter Horst Neumann

Der weinende Garten

Der schreckliche! – Tropft und will wissen ja,
   Ob er auf der Welt allein ist,
– Knautscht den Zweig an das Fenster, wie Spitzen da –
   Oder ob ein Zeuge dabei ist.

Doch würgt die großporige Erde
   Vernehmlich an der Schwere der Schwellungen,
Und man hört – augusthaft – von ferne,
   Die Mitternacht wird in den Feldern reif.

Kein Laut. Und auch keine Lauscher.
   Sich vergewissernd der Leere,
Greift er zum Alten, rinnt rauschend
   Vom Dach, in die Rinnen, sie querend.

Ich berühre die Lippen, will hören,
   Ob ich auf der Welt allein bin,
Drauf und dran, mich in Schluchzen zu lösen, –
   Oder ob ein Zeuge dabei ist.

Doch still. Nicht ein Blättchen, das raschelt.
   Kein Deut, kein Zeichen, nur grauses
Schlucken und Plätschern in Schlappschuhn
   Und Tränen und Seufzer der Pausen.

Boris Pasternak

Die Lust in uns

An Flavien
Über einen auf ihrer brust steckenden Hyacinthen-strauss

Du wilst die weisse brust zu einem garten machen /
   Dir trägt das gute land schon Hyacinthen ein.
Doch sol die fruchtbarkeit dein Eden stets bewachen;
   So laß / o Flavia / mich deinen gärtner seyn.
Ich will dir treu und fleiß mit hand und mund versprechen /
   Nimm meine küsse nur statt thau und regens an.
Und wird dein gärtner gleich zuweilen blumen brechen /
   So dencke / daß er dir auch blumen pflantzen kan.

Christian Hoffmann von Hoffmannswaldau

Einladung in den Garten; an Dorimenen

O wie schön ist alles hier!
Dorimene, komm zu mir,
  Wo die Schatten kühlen;
Wo die Fliederranken blühn,
Wo im düftenden Jasmin
  Zephir spielen.

Buxus in beschornen Reihn,
Schränkt die Hiacinten ein
  Neben den Narzißen,
Die, so spröd' ihr Anherr war,
Ihre Nachbarn immerdar
  Heimlich küßen.

Über der Aurikel Flor
Schwärmt der Schmetterlinge Chor,
  Stutzer in den Beeten;
Flatterhaft, verbuhlt, geschmückt,
Bunter als man sie erblickt
  In den Städten.

O wie schön ist alles hier!
Dorimene, komm zu mir
  In den Frühlingsgarten;
Hier, wo süßrer Balsamduft,
Reinre Farben, frischre Luft
  Auf dich warten.

Wo im Pomeranzenhain
Neuen bittersüßen Wein
  Uns Lyäus reichet,

Bis die mohnumkränzte Nacht,
Noch indem die Freude lacht,
    Uns beschleichet.

Dann, von Wein und Liebe warm,
Schlaf, o schlaf in meinem Arm,
    Bis in Rosenhecken
Philomele, wenn es tagt,
Zärtlich locket, seufzt und klagt,
    Uns zu wecken.

Karl Friedrich Kretschmann

LIEBESVORZEICHEN

Ich stand am Morgen jüngst im Garten
Vor dem Granatbaum sinnend still;
Mir war, als müßt ich gleich erwarten,
Ob er die Knospe sprengen will.

Sie aber schien es nicht zu wissen,
Wie mächtig ihr die Fülle schwoll,
Und daß sie in den Feuerküssen
Des goldnen Tages brennen soll.

Und dort am Rasen lag Jorinde;
Wie schnell bin ich zum Gruß bereit,
Indeß sie sich nur erst geschwinde
Den Schlummer aus den Augen streut!

Dann leuchtet dieser Augen Schwärze
Mich an in lieb- und guter Ruh,
Sie hört dem Mutwill meiner Scherze
Mit kindischem Verwundern zu.

Dazwischen dacht ich wohl im stillen:
Was hast du vor? sie ist ein Kind!
Die Lippen, die von Reife quillen,
Wie blöde noch und fromm gesinnt!

Fürwahr, sie schien es nicht zu wissen,
Wie mächtig ihr die Fülle schwoll,
Und daß sie in den Feuerküssen
Des kecksten Knaben brennen soll.

Still überlegt ich auf und nieder,
Und ging so meiner Wege fort;
Doch fand der nächste Morgen wieder
Mich zeitig bei dem Bäumchen dort.

Mein! wer hat ihm in wenig Stunden
Ein solches Wunder angetan?
Die Flammenkrone aufgebunden?
Und was sagt mir dies Zeichen an?

Ich eile rasch den Gang hinunter,
Dort geht sie schon im Morgenstrahl;
Und bald, o Wunder über Wunder!
Wir küßten uns zum erstenmal.

Nun trieb der Baum wohl Blüt auf Blüte
Frisch in die blaue Luft hinaus,
Und noch, seitdem er lang verglühte,
Ging uns das Küssen nimmer aus.

Eduard Mörike

An ihren Garten

Ich denke noch an sie, die tausend lieben Stunden
Und tausend noch darzu, die ich in deiner Schoß,
Du wohlgelegner Platz, mehr nutzbar als zu groß,
An keinerlei Frucht arm, zu jener Zeit empfunden,
   Wenn, wie Olympie sich hat um mich gewunden,
So ich sie wiederum in die zwei Arme schloß.
Wie selig war ich da, wie aller Menschheit los,
Wie ofte hat uns doch Priapus so gefunden!
   Es steht ein Maulbeerbaum bald bei dem Vorderteiche,
Dem wünsch ich, daß sein Haar ihm nimmermehr umbleiche
Entgehe nie sein Saft. Denn die vermeinte Nacht,
   Die er dem Stamme gibt mit seinen dicken Blättern,
Die weiß es, wie sie mich zuerst hat angelacht.
Für diese Gunst sei du befohlen allen Göttern!

Paul Fleming

Hinten im Winkel des Gartens da stand ich, der letzte der
 Götter,
 Roh gebildet, und schlimm hatte die Zeit mich verletzt.
Kürbisranken schmiegten sich auf am veralteten Stamme,
 Und schon krachte das Glied unter den Lasten der Frucht.
Dürres Gereisig neben mir an, dem Winter gewidmet,
 Den ich hasse, denn er schickt mir die Raben aufs Haupt
Schändlich mich zu besudeln; der Sommer sendet die
 Knechte,
 Die, sich entladende, frech zeigen das rohe Gesäß.
Unflat oben und unten! ich mußte fürchten, ein Unflat
 Selber zu werden, ein Schwamm, faules, verlorenes Holz.
Nun durch deine Bemühung, o redlicher Künstler, gewinn ich
 Unter Göttern den Platz, der mir und andern gebührt.
Wer hat Jupiters Thron, den schlechterworbnen, befestigt?
 Farb und Elfenbein, Marmor und Erz und Gedicht.
Gern erblicken mich nun verständige Männer, und denken
 Mag sich jeder so gern, wie es der Künstler gedacht.
Nicht das Mädchen entsetzt sich vor mir und nicht die
 Matrone,
 Häßlich bin ich nicht mehr, bin ungeheuer nur stark.
Dafür soll dir denn auch halbfußlang die prächtige Rute
 Strotzen vom Mittel herauf, wenn es die Liebste gebeut,
Soll das Glied nicht ermüden, als bis ihr die Dutzend Figuren
 Durchgenossen, wie sie künstlich Philänis erfand.

Johann Wolfgang Goethe

PETRARCA HAT MALVEN IM GARTEN, UND BESCHWEIGT DIE WELTRÄTSEL

Die Hände, manchmal, darf man gar nicht brauchen.
Nicht mal die Fingerkuppen. Vielmehr führte
Ein Lidschlag schon, der an ein Flaumhaar rührte,
Ratzbatz ins Aus, nichts bliebe, als zu rauchen –

So daß äußerstenfalles Quantensprünge
Der Pulsdichte oder des Atemdrucks
(Vielleicht auch einzig des Gedankenflugs)
Erwirken, daß das Innigste gelinge:

Nämlich indem wir, beieinanderliegend,
Indes durch feinste Scheiben Luft getrennt,
Die Lust in uns so reglos höher leiten,

Bis, weil kein Ich mehr, wo es ist, erkennt,
Wir wie unhandelnd ineinandergleiten;
Und malvenfarben dehnt sich der Moment.

Rainer Kirsch

FRÜHLINGSNACHT

Die Kirschbaumblüten im lichtdurchschwemmten Garten
Sind wie Kandelaber von Millionen Kerzen,
Die das Vollmondfeuer angesteckt. Die zarten Kissen
Grüngesprengten Rasens zwischen Crokusbeeten
Sind besteckt mit weißen Perlensäumen,
Und die kühle spiegelhelle Luft
Ist ein feiner Schleier von gewebtem Silber,
Den die Lenznacht heimlich glühend um die
Weiße warme Nacktheit ihrer Glieder hängt.

Ernst Stadler

Die Rose ist das höchste Liebeszeichen,
  Dem Herzensfreund will ich die Rose reichen.
Gedanken sterben im Gefühl der Liebe,
  Wie Gartenblumen vor der Ros erbleichen.
Die Rose trägt den stillen Dorn am Herzen,
  Weil nie die Schmerzen von der Liebe weichen.
Ein einzig Bild der Schönheit ist die Rose;
  Was gleichet ihr in Erd' und Himmels Reichen?
Der vollen Rose gleicht an Pracht die Sonne,
  Und alle Blättlein siehst du Monden gleichen.
Der Sonne Lichtrad ist in ihr gerundet,
  Und hundert Monde rollen dran als Speichen.
Die Sonne, die aus Monden wuchs, die Rose,
  Dem Herzensfreund will ich die Rose reichen.

Djalal al-Din Rumi

Die dunkle Hülle

Die graue Nacht

Die graue Nacht ist mit silbernen Nadeln gerafft.
Kahler Stamm starrt hinan, riesiger Säulenschaft.

Der Kirschbäume Wipfel sind wie Schleier verweht,
Breit kauert der Kiefer buckliger Unhold am Beet.

Alles ist anders. Nirgends lugen mehr Häuser hervor,
Giebel stieren, steil, schwarz, Pyramiden, empor.

Im Finstern sind irgendwo kleine Vierecke hell –
Surrendes Grillenzirpen, reißendes Hundegebell.

Eine goldsprühende Otter zischt im Fernen der Zug.
Sacht auf Boden und Baum tröpfelt's aus bläulichem Krug.

Ich wandre im Garten, weiter und weiter, schon längst
    nicht mehr hier.
Und wenn es ganz dunkel geworden ist, bin ich bei dir.

Gertrud Kolmar

Gärten und Nächte

Gärten und Nächte, trunken
von Tau und alter Flut,
ach, wieder eingesunken
dem bilderlosen Blut,
aus Wassern und aus Weiden
ein Atem, glutbewohnt,
verdrängt das Nichts, das Leiden
vom letzten, leeren Mond.

Ach, hinter Rosenblättern
versinken die Wüsten, die Welt,
laß sie den Rächern, den Rettern,
laß sie dem Held,
laß sie dem Siegfried, dem Hagen,
denke: ein Lindenblatt
das Drachenblut geschlagen
und die Wunde gegeben hat.

Nacht von der Schwärze der Pinien,
hoch von Planeten porös,
tief von Phlox und Glyzinien
libidinös,
hüftig schwärmen die Horen,
raffen die Blüte, das Kraut
und verschütten mit Floren
Herkules' Löwenhaut.

Sinkend an sie, an beide,
ihr feuchtes Urgesicht,
ein Wasser und eine Weide,
du schauerst nicht –

mit Menschen nichts zu sagen
und Haus und Handeln leer,
doch Gärten und Nächte tragen
ein altes Bild dir her.

Gottfried Benn

ARACHNE

Wenn die Weidenwollen fliegen,
und die Sternenspindel flockt,
Fahne, Flügel, Schiffchen biegen
sich zu Argonautenzügen,
und der Kuckuck leiser lockt –

Geht Arachne durch den Garten
hin und her und her und hin,
und es wirft durch Sog und Scharten
weißer Winde ihren zarten
Fadenstrom die Weberin.

Zuckend füllen sich die Räume,
Blitz und Bilder fließen ein,
Wege wuchernd ohne Säume,
Sinn und Unsinn grüner Träume,
und sie webt sich mit hinein.

Summen steigt empor vom Grase,
Knistern aus dem Ei: ich bin.
Lauscht sie, ob der Weisel rase?
Wob sie in der Honigvase
eine zweite Königin?

Dichter wird die dunkle Hülle,
dunkler wird Arachnes Geist.
Mühsam duftet die Kamille,
doch die starrende Pupille
läßt nur ein, was täuscht und gleißt.

Von den Schultern hebt nach oben,
spinnenbeinig sich ihr Haar.
Soll sie schreien, soll sie loben?
Gorgos Haupt hat sie gewoben,
schrecklich, süß und wunderbar.

Elisabeth Langgässer

GARTEN

Besänftigender Winde Schritte
Sind in der Hecke auf der Wacht,
Von Laurin, Herrn der Jahresmitte
Und Herrn der Rosen, angefacht.

Es ist, sie fegen aus dem Garten,
Mit sommerheiterer Geduld,
Was welther weht: soviel des Harten,
Soviel der Qual, soviel der Schuld.

Soviel der Unschuld nährt im Engen
Das Feuer, menschenunerweckt;
Es kann davon die Hand versengen,
Was eine halbe Hand bedeckt.

Verwunschen stille Selbstgefühle,
Kokardenblume, Bärenklau.
Verschollner Gram und Ahnungskühle,
Lavendelruch, Lavendelblau.

Gedanken viel im Eingedanken,
An Balsamquellen Schar bei Schar,
So spielen Sterne, Glocken, Ranken
Nach außen, was geist-innen war.

Entblättern Rosen mit dem Tage,
So scheinen sie alther zu schnein
Zu ihres bösen Königs Klage
Aus spitzem Dolomitgestein.

Oskar Loerke

Wir werden heute nicht zum garten gehen ·
Denn wie uns manchmal rasch und unerklärt
Dies leichte duften oder leise wehen
Mit lang vergessner freude wieder nährt:

So bringt uns jenes mahnende gespenster
Und leiden das uns bang und müde macht.
Sieh unterm baume draussen vor dem fenster
Die vielen leichen nach der winde schlacht!

Vom tore dessen eisen-lilien rosten
Entfliegen vögel zum verdeckten rasen
Und andre trinken frierend auf den pfosten
Vom regen aus den hohlen blumen-vasen.

Stefan George

Hinter
einem alten,
windschief krumpeligen, grauen, krustelig flechtenbunten,
nach ... Teer,
ausgeschwitztem Harz und praller, dicker, brütendster
Sommersonne
duftenden Bretterzaun,
durch
den sich mit dürren,
rissigen, schwarzgrün knorrigen
Ästen,
fettblätterig, zackfiederig,
breittellerig,
mitten
ein Holunderbusch
drängt,
träumt am Weg ... ein Gärtchen.

Auf
Spitzzehen,
kaum daß ich mich mit meinen beiden Händen noch so
eben gerade halten kann,
kucke ich ... hinüber.

Feuerlilien, Türkenbund,
tiefblauer,
mannshoher, schlankstolzer
Rittersporn,
Flammenblumen, Federnelken,
Stockrosen,
Löwenmaul, Fuchsschwanz, Hahnenkamm

blühen
wild durcheinander!

Drei schmale,
verrutschte, ausgetretene
Steinstufen,
aus deren klaffenden Fugen dickbüschelig sich Gras zwängt,
führen
in eine niedere,
türlos, gähnend, lehmbodig
offene,
schon halb verfallene
Mooskate,
deren
morsche vier Fensterläden
nur noch
knapp in ihren verrosteten Angeln hängen.

In
einem schäbigst,
erbärmlichst, staubgrau unscheinbaren,
wie
bereiften, raupenzerfressenen
Apfelbäumchen
mit
kleinen, giftgrünen,
braunschwarz madenlöcherigen
Knollenfrüchtchen,
umbrummt von Hummeln, umsummt von Bienen,
umtummelt von Schmetterlingen,
wahrhaftig,
ganz deutlich,
zwischen einer Gabelung,
ich
recke mir fast ... den schweißtriefenden ... Hals aus,

ich balanciere mit Mühe auf meinem Stein, ich falle entzückt beinahe von ihm runter,
hing der Tod … seine Sense auf!

Arno Holz

Schlaf-Mohn

Abseits im Garten blüht der böse Schlaf,
in welchem die, die heimlich eingedrungen,
die Liebe fanden junger Spiegelungen,
die willig waren, offen und konkav,

und Träume, die mit aufgeregten Masken
auftraten, riesiger durch die Kothurne –:
das alles stockt in diesen oben flasken
weichlichen Stengeln, die die Samenurne

(nachdem sie lang, die Knospe abwärts tragend,
zu welken meinten) festverschlossen heben:
gefranste Kelche auseinanderschlagend,
die fieberhaft das Mohngefäß umgeben.

Rainer Maria Rilke

Die Sommernacht, und andachtsvoll der dunkle Garten
Und schwer zufrieden mit den reichen Bäumen.
Derselbe Mond, der all die großen Bäume klein gesehen,
Vor dem die dunklen Blätter staunend glänzen,
Unwissend stumm gekommen, unwissend stumm vergehen.

Der dunkle Garten, draus ein kalter Atem weht,
Sehr kühl vom kaltgewordnen Schweiß der Erde.
Und immer kommt und geht darin der Mond
Und wird nicht müde, nie, und kommt und geht.

Doch auszudenken, daß wir müde einst
Für immer gehen, unwissend mit uns selbst.

Max Dauthendey

FLIEDERGÄRTEN

Garten um Garten entzündet der Flieder
Am faulenden Zaun, am vernagelten Tor.
Die ihn einst pflanzten, legten sich nieder
Doch er tritt aus dem Gerümpel hervor.

Den bröselnden Putz, das bröckelnde Dach
Überflammt er, Rinne und Rand.
Brennender Bruder, du hältst mich wach
Nimmst mir den Atem, füllst mir die Hand.

Vorüber streun ich an Trümmern und Büschen
An Nischen, da ich Schwüre schwor.
Dein Blühen war uns Brief, war Siegel
Dein Flüstern Honigpfropf dem Ohr.

Schatten um Schatten durchzüngelt die Wiesen
Und löscht den roten, den weißen Brand.
Fehl ich beim Feder-, beim Blütenlesen
Suche mich hinter der Sandkieferwand.

Richard Pietraß

An alte Gärten denk ich

Mein Garten

Schön ist mein Garten mit den gold'nen Bäumen,
Den Blättern, die mit Silbersäuseln zittern,
Dem Diamantenthau, den Wappengittern,
Dem Klang des Gong, bei dem die Löwen träumen,
Die ehernen, und den Topasmäandern
Und der Volière, wo die Reiher blinken,
Die niemals aus den Silberbrunnen trinken …
So schön, ich sehn' mich kaum nach jenem andern,
Dem andern Garten, wo ich früher war.
Ich weiß nicht wo … Ich rieche nur den Thau,
Den Thau, der früh an meinen Haaren hing,
Den Duft der Erde weiß ich, feucht und lau,
Wenn ich die weichen Beeren suchen ging …
In jenem Garten, wo ich früher war …

Hugo von Hofmannsthal

FRAUEN-RITORNELLE

Blühende Myrte –
Ich hoffte süße Frucht von dir zu pflücken;
Die Blüte fiel; nun seh ich, daß ich irrte.

Schnell welkende Winden –
Die Spur von meinen Kinderfüßen sucht ich
An eurem Zaun, doch konnt ich sie nicht finden.

Muskathyazinthen –
Ihr blühtet einst in Urgroßmutters Garten;
Das war ein Platz, weltfern, weit, weit dahinten.

Dunkle Zypressen –
Die Welt ist gar zu lustig;
Es wird doch alles vergessen.

Theodor Storm

Der alte Garten

Kaiserkron' und Päonien rot,
Die müssen verzaubert sein,
Denn Vater und Mutter sind lange tot,
Was blühn sie hier so allein?

Der Springbrunn' plaudert noch immerfort
Von der alten schönen Zeit,
Eine Frau sitzt eingeschlafen dort,
Ihre Locken bedecken ihr Kleid.

Sie hat eine Laute in der Hand,
Als ob sie im Schlafe spricht,
Mir ist, als hätt ich sie sonst gekannt –
Still, geh vorbei und weck sie nicht!

Und wenn es dunkelt das Tal entlang,
Streift sie die Saiten sacht,
Da gibt's einen wunderbaren Klang
Durch den Garten die ganze Nacht.

Joseph von Eichendorff

Zwei Gärten

Schwer von Jasminduft, weht aus dunklen Gärten
Der Mittagswind:
Ich denke euer, die ihr Spielgefährten
Mir wart als Kind.

Der Tulpenbaum mit grünen Blumenbechern,
Drin Nektar quillt,
Der gute Birnbaum, der uns kleinen Zechern
Die Hand gefüllt.

Vorüber eilt man scheu dem feuchten Grunde,
Wo moosbefleckt,
Dämonenbös mit schwarzem Schlangenmunde
Der Brunnen schreckt.

Ein Ton von Bienen, die den Honig mischen,
Summt überall,
Unendlich klagt des Nachts aus Duftgebüschen
Die Nachtigall.

Ein Garten war, da blühten Georginen
Im Purpurflor
Und Sonnenblumen mit des Cherubs Mienen
Am offnen Tor.

Mohnpuppen kamen auch, die schön berockten,
Im grünen Schal,
Wenn die Holunderblütenküchlein lockten
Zu duftgem Mahl.

Der weiße Elefant verbarg im Grase
Sein Rosenohr,
Das rote Bällchen sich als Seifenblase
Im Blau verlor.

Es weht mich an, Erinnerungen trunken,
Der Mittagswind.
An alte Gärten denk ich, die versunken
Auf immer sind.

Ricarda Huch

Traum

Es ist immer derselbe Traum:
Ein rotblühender Kastanienbaum,
Ein Garten, voll von Sommerflor,
Einsam ein altes Haus davor.

Dort, wo der stille Garten liegt,
Hat meine Mutter mich gewiegt;
Vielleicht – es ist so lange her –
Steht Garten, Haus und Baum nicht mehr.

Vielleicht geht jetzt ein Wiesenweg
Und Pflug und Egge drüber weg,
Von Heimat, Garten, Haus und Baum
Ist nichts geblieben als mein Traum.

Hermann Hesse

Hinter hohen Mauern,
hinter mir,
liegt
ein Paradies.

Grüne, glitzernde Stachelbeersträucher,
eine Strohbude
und Bäume mit Glaskirschen.

Niemand weiß von ihm.

An einem Halm
klettert ein Marienkäferchen,
plumps,
und fällt in goldgelbe Butterblumen.

Hilfreich
neigen sich Tausendschönchen,
Stiefmütterchen machen ein böses Gesicht.

Verschollen
glänzen die Beete!

Arno Holz

Alt geworden

Unvergessen bleibt der Garten,
Der des Kindes Welt enthielt.
Ob in seinen engen Wegen
Noch ein Kindeshändchen spielt?

Und wie tief die Waldesschatten,
Junger Liebe erstes Jahr.
Ob die Bäume wohl noch leben,
Ob sie scheitelt noch ihr Haar?

Regen rauschte viel hernieder,
Viele Jahre rauschten hin.
Waldesschatten, kleiner Garten –
Grauer Bart umwächst das Kinn.

Detlev von Liliencron

DER KINDERGARTEN
Dezember 1870

Der Kindergarten ist ein Paradies,
Die kleinen Kinder sind die Engel drin
Und spielen, von der Liebe nur bewacht.
Wie freun sie sich des schönen Sonnenscheins,
Des blauen Himmels, jedes Schmetterlings
Und jedes Vogels, den sie flattern sehn',
Und jedes Blümeleins am Gartenhag!
Wie tummeln sie sich alle froh herum!
Wie jubeln sie, wie singen sie zum Tanz!
Wie machen immer sie sich was zu tun!

Nichts störet sie in ihrem Spiel und Tanz,
In ihrem kleinen Herzen wacht kein Wunsch
Nach etwas anderem, nach etwas mehr.

Heil ihm, der solchen Garten einst erfand
Und ihn als Lebensziel sein Leben lang
Betrachtet hat und in die Kinderwelt
Der Muckerwelt zum Trutz hat eingeführt!
Beschäftigung und Heiterkeit, das sind
Die Quellen, draus der Jugend Leben quillt;
Beschäftigung und Heiterkeit, das ist
Der Born, der uns mit Freud und Hoffnung tränkt.
O könnt ich doch ein kleines Kind noch sein
Und in den Kindergarten spielen gehn!
Und singen dann mit ihnen manches Lied,
Was ich für sie in Herzenslust einst sang!

August Heinrich Hoffmann von Fallersleben

Dass ich die Seele
gehen lass

BESCHRÄNKUNG

Weit spazieren
Mag ich nicht, der Tag ist warm,
Und genieren
Soll mich nicht der Städter Schwarm.

Die Umbüschung
Meines Gartens beut mir Ruh',
Und Erfrischung
Haucht der Sommerwind mir zu.

Luft aus Süden
Bringt gedämpften Trommelklang,
Und im Frieden
Über mir schwebt Lerchensang.

Friedrich Rückert

ABENDFREUDEN

In der Nachtviole Grau verschmelzen
Allgemach des Abends Rosengluthen,
Schwebend im Gewässer, dessen Fluthen
Sanfter sich an's Muschelufer wälzen.

Müde von dem Gartenfleiß; vom Pelzen
Junger Apfelstämm' und Kirschenruthen,
Ruh' ich aus zur Seite meiner Guten,
Im Boskett von Haselnußgehölzen.

Nun, mein Liebchen, wider Durst und Hunger
Hohl' uns keinen Cyper, keinen Unger,
Aber Milch in meinem Deckelglase:

Klapp' ein Tischchen auf in diesem Grase,
Daß wir fröhlich unsre Heidelbeeren
Mit den lieben Kindern hier verzehren.

Schmidt von Werneuchen

Laubenfest

Schon hängen die Lampions wie bunte Trauben
An langen Schnüren über kleinen Beeten,
Den grünen Zäunen, und von den Staketen
Der hohen Bohnen leuchtend in die Lauben.

Gesumm von Stimmen auf den schmalen Wegen.
Musik von Trommeln und von Blechtrompeten.
Es steigen auf die ersten der Raketen
Und platzen oben in den Silberregen.

Um einen Maibaum dreht sich Paar um Paar
Zu eines Geigers hölzernem Gestreich,
Um den mit Ehrfurcht steht die Kinderschar.

Im blauen Abend steht Gewölke weit,
Delphinen mit den rosa Flossen gleich,
Die schlafen in der Meere Einsamkeit.

Georg Heym

Ein
von vier
schrägen, lehmgelblichgrau, rinselrissig,
ziegelbrockendurchmengt, schuttigen,
spärlich unkrautbüschelübergrünten Straßenböschungen
geradlinig gerahmtes,
bis
auf den Millimeter
aufgeteiltes,
rechteckig wegedurchschnittenes, wirrbunt tiefgelegenes,
lustig,
glanzpapieren, leinewandlappig
fähnchenwimpelndes Laubengelände
mit
vielen kleinen,
schmalen,
morgenlichtüberströmten Gartenparzellchen
voller
Georginen, Sonnenblumen, Stockrosen, Kaktusdahlien,
Gurken, Tomaten,
Kürbisse,
Feuerbohnen und Schnittlauch.

Noch
blitzt der Tau.

Über den nahen Häuserhorizont ragen Türme.

In
das monotone Geräusch der Neubauten,
schrillspitz, klangtief,

aufheulig, verrollend, surrselsummselig,
ab und zu
pfeifen Fabriken, schlagen Glocken an,
saust
fern die Elektrische.

Auf einer Hopfenstange sitzt ein Spatz.

Behaglich über einen alten Drahtzaun gelehnt,
der
leicht unter mir schaukelt,
sehe ich
verloren … lächelnd … kopfnickend
zu,
wie über einem buntblauen Asternbeet, tändelnd, in der
letzten Septemberwärme
zwei
Kohlweißlinge taumeln!

Arno Holz

DER LAUBENPIEPERFRIEDHOF

In memoriam Paul Gurk

Wenn wir hier sterben, haben wir es nah,
Noch weniger weit als bis zur S-Bahn-Strecke,
Wir haben es bequem, Sie, wirklich, ja,
kurz durch den Wald und einmal um die Ecke.

So sauber wie die Laubenkolonie
Die Gräber dort, gepflegt wie hier die Beete –
Ja, unser alter Friedhof! Wissen Sie,
Man zieht ganz einfach um – wie Wallners Grete

Vor einem Monat –, in den Wald hinein
Und aus dem Wald heraus, zweihundert Schritte,
Und hinter Ihnen her blickt winzig klein
Das Fenster Ihrer lieben Laube, bitte.

Adolf Endler

MEINE WELT

Aus hellem Haus tret ich in einen Garten
Links liegt das Meer und rechts ein hohes
Von Sagenerz durchschimmertes Gebirg.
Der Liebste zündet die Kastanienkerzen an
Ich ziehe meinen Hummelpelz aus und verschlanke
Flieder und Ginster, Mandel, Anemonen
Ertragen sich im Blütenspiritus.
Nur Duft herrscht. Wir beniesen unser Wohl.
Auf blankem Holztisch tafelt auf der Mai:
Gebratne Scholle, Spargel und Rhabarber
Auch Erdbeeren, Sahne, frische Pfefferminze.
Zwölf Freunde ohne König und Lakaien
Verwoben im Gespräch. Zwischen den Augen
Das Maß des Glückes heiter streng gelassen:

Es sehen, wie der Stielz ums Feuer stampft
Es wissen, wo der Restwelt Kacke dampft

Kerstin Hensel

Der Garten des Theophrast

Meinem Sohn

Wenn mittags das weiße Feuer
Der Verse über den Urnen tanzt,
Gedenke, mein Sohn. Gedenke derer,
Die einst Gespräche wie Bäume gepflanzt.
Tot ist der Garten, mein Atem wird schwerer,
Bewahre die Stunde, hier ging Theophrast,
Mit Eichenlohe zu düngen den Boden,
Die wunde Rinde zu binden mit Bast.
Ein Ölbaum spaltet das mürbe Gemäuer
Und ist noch Stimme im heißen Staub.
Sie gaben Befehl, die Wurzel zu roden.
Es sinkt dein Licht, schutzloses Laub.

Peter Huchel

SELEKTION

Welche Unordnung die Rosenblätter
Sind aus den Angeln gefallen der Wind
Blies sie ums Haus auf die Gemüsebeete.
Streng getrennt wachsen hier in den Gärten
Magen- und Augenpflanzen, der Schönheit
Bleibt ein einziges Beet
Während den ausgerichteten Reihen
Früher Kartoffeln Möhren Endivien Kohl
Ein Exerzierplatz eingeräumt wird.

Die Wirrnis des Gartens verwirrt
Auch den Gärtner, jetzt muß
Durchgegriffen werden angetreten Salat
Richtet euch Teltower Rüben Rapunzel
Auf den Abfallhaufen Franzosenkraut
Wucherblume falsche Kamille und Quecke
Es ist verboten die nackten Füße
Wieder ins Erdreich zu stecken.

Sarah Kirsch

KRÜPELSEE-IDYLL

O Sprengen des Gartens / das Grün zu ermutgen /
　　Kaiserwetter
vom Krüpelsee schmeichelt Abendwind / Paul Kienberg /
　　Pykniker
Typ mit Halbglatze / spielt Gott: läßts regnen und segnen
　　auf
Ährenglöckl Eisenkraut Jungfer im Grünen // *Doch
　　übersieh mir nicht
neben den Blumen das Unkraut:* Studentenblumen
　　Pfaffenhut Tränendes
Herz / Paule Ex-General / Haupt-ab-Teilungsleiter der
　　Angst / Ritter
mit Schwert und Schild / *Auch den nackten Boden erfrische /
　　daß
deine Waden Nesseln umstreichen / daß du aufjauchzt
　　vom Zuspruch
der Disteln / Goldregen grüße dich freundlich / aus dem
　　Brunnen
trinke das reine Wasser des Volks:* jauchebraun und
　　nitratsüß
Der schwitzende Biedermann atmet tief durch / genießt
　　seinen Ruh-
sitz / wie Appel und Ei // *O Sprengen des Gartens /
　　Kaiserwetter am
Krüpelsee / prächtig stehts Eisenkraut / im Frühbeet
　　Tomaten
wie Milch wie Blut / knüppellange Gurken und Karfiol
　　knochenweiss*

　　　　Hinnerk Einhorn

Der Garten

Für die Hölle hier,
All den Aberwitz,
Einen Garten mir
Schick zu guter Letzt.

Zu der Jahre Last:
Zu der Armut – Rest,
Der Gebeugten Frist,
Alter Arbeit – Rast.

Diesem Hundelos –
Eines Gartens Schoß.
Dem ergrauten Glühn
Frisches, kühles Grün …

Für den Flüchtling schick
Mir den Garten – Glück:
Und kein Kein-Gesicht,
Keine-Seele – nicht!

Garten: Keines Schritt!
Garten: Keines Blick!
Garten: Keines Pfiff!
Garten: Keines Griff!

Ohne Ohren auch
Schick den Garten du:
Keines Übels Hauch!
Und von Menschen Ruh!

Sprich: – Qual genug! – den Garten, sieh:
So einsam, wie du selbst bist – nimm!
(Doch steh auch selbst nicht neben ihm!)
Er ist so einsam, wie ich bin.

Solch einen Garten – als Entgelt ...
Jenen Garten? – Oder jene Welt?
Schick auf mein Alter ihn – zur Rast,
Daß ich die Seele gehen laß.

Marina Zwetajewa

Gedanken
vor uns hinzustreun

DER APFELGARTEN
Borgeby-Gård

Komm gleich nach dem Sonnenuntergange,
sieh das Abendgrün des Rasengrunds;
ist es nicht, als hätten wir es lange
angesammelt und erspart in uns,

um es jetzt aus Fühlen und Erinnern,
neuer Hoffnung, halbvergeßnem Freun,
noch vermischt mit Dunkel aus dem Innern,
in Gedanken vor uns hinzustreun

unter Bäume wie von Dürer, die
das Gewicht von hundert Arbeitstagen
in den überfüllten Früchten tragen,
dienend, voll Geduld, versuchend, wie

das, was alle Maße übersteigt,
noch zu heben ist und hinzugeben,
wenn man willig, durch ein langes Leben
nur das Eine will und wächst und schweigt.

Rainer Maria Rilke

DULDSAM

Des morgens früh, sobald ich mir
Mein Pfeifchen angezündet,
Geh ich hinaus zur Hintertür,
Die in den Garten mündet.

Besonders gern betracht ich dann
Die Rosen, die so niedlich;
Die Blattlaus sitzt und saugt daran
So grün, so still, so friedlich.

Und doch wird sie, so still sie ist,
Der Grausamkeit zur Beute;
Der Schwebefliegen Larve frißt
Sie auf bis auf die Häute.

Schluppwespchen flink und klimperklein,
So sehr die Laus sich sträube,
Sie legen doch ihr Ei hinein
Noch bei lebendgem Leibe.

Sie aber sorgt nicht nur mit Fleiß
Durch Eier für Vermehrung,
Sie kriegt auch Junge hundertweis
Als weitere Bescherung.

Sie nährt sich an dem jungen Schaft
Der Rosen, eh sie welken;
Ameisen kommen, ihr den Saft
Sanft streichelnd abzumelken.

So seh ich in Betriebsamkeit
Das hübsche Ungeziefer
Und rauche während dieser Zeit
Mein Pfeifchen tief und tiefer.

Daß keine Rose ohne Dorn,
Bringt mich nicht aus dem Häuschen.
Auch sag ich ohne jeden Zorn:
Kein Röslein ohne Läuschen!

Wilhelm Busch

Vernunftreiche Gartenentzückung

Die Kartoffel auch ist eine Blume.
Und mit gelben Federn blüht der Mais.
Und gereicht es nicht dem Dill zum Ruhme,
Wie er zierlich Frucht zu tragen weiß?
Ihr in eurem Prunk und Wohlgeruche,
Stolze Rosen, bleiche Lilien,
Ließet nagen uns am Hungertuche.
Nur was nützet, ist vollkommen schön.

Peter Hacks

Englischer Garten

Hier ist alles verteilt nach dem Plan,
der nachgezeichnet ist der Natur, die
Wildnisse sind durchforstet, Zeder und
Sykomore herbeigeschafft, verpflanzt
und gepflegt, dabei alles so, als wär
es gewachsen nach eigener Ordnung.
Baumgruppen mit ausladenden Ästen,
rotblühende, fingerblättrige Kastanien,
Wiesen mit dem Geruch gemähten Grases,
Beete und Felder nebeneinander, geharkter
Kies auf den Wegen, die Kanäle
sanft, in ihrem Wasser spiegeln sich
gelbe Gebäude, in den Bächen rundgewaschene
Kiesel, rötliche Fische stehen unbewegt
in der Strömung, Brücken aus Stämmen
und Rinden, die Ufer befestigt mit
gebündelten Ästen. Überall ist spürbar
die sorgende Hand, und doch
kaum kenntlich der Übergang
von Landschaft zu Garten.

Axel Schulze

Im Garten

Am Tisch sitz ich im Konstruktionsbüro
aus Laubwerk – der Materie gegenüber.
In ihre Augen blick ich, wo die Zeit
als Anfang und als Ende sich zurücknimmt.
Durchs Zaunloch schleicht die Katze hin und her.
Die Schwalben segeln, und ich seh sie so,
als wenn sie eine ewige Zeichnung wiederholen.
Doch sind's die Schwalben und die Kinder sind's
im blauen Kleid am Frühstückstisch. Das ist
der Augenblick, der Blick im Auge der Uralten, die
– so schläfrig sie auch sein mag –
niemals ihre Lider schließt.
Offene Augen hat sie immer, woher holten sonst
die Rosen ihre Zeit und ihren Segelraum
die Schwalben? Dort, dort fliegen sie,
dort stürzen sie, dort falln die Blätter dieser
prächtigen Rose. Und mein Herz, das schon
gegen die Adern heftiger drängt, es schlägt
in ihrem Auge, wenn sie auch mit keiner Wimper zuckt.
Mein Bild schwimmt jetzt in ihrem Blick, als wär es immer
schon dort gewesen. Aber jetzt erst, wo ich ihr
so gegenübersitz, ist's da, daß ich mein Spiegelbild erfass'
und aus dem Spiegel heb – und wie sie selber sehe.
Sie aber sieht sehr gut, wenn ich die Augen schließe.

Georg Maurer

Frühlingsabend

Im Garten gurrte abends eine Taube.
Der Eremit erwachte und empfand
ein Glück, die Tiefen alles Seins beseelend.
Und da er nichts, es zu beschreiben, fand,
schritt er ums Haus, die Baumbusstauden zählend.

Go Tjän-min

Der Garten

In einem Winkel sitzend,
Sieh das Licht, das Gras,
Die Stämme, den bemoosten
Stein, der die Zeit mißt

An der Sonne auf der Laube,
Und die Seerosen, Traum-
Kelche auf des Brunnenquells
Regungslosem Wasser.

Dort oben, schimmernd
Durchs Gespinst der Blätter,
Mit seinem blassen Blau
Der Himmel, weiß die Wolken.

Süß eine Amsel singt
Wie des Gartens eigene
Stimme, die zu dir spricht.
In dieser milden Stunde

Sieh alles gut mit deinen Augen an,
Als würdest du liebkosen
Alles hier. Du schuldest Dank
Für solche reine Ruhe,

Frei von Lust und Leid,
Dem Licht, weil es so bald
Wie du von hier entschwindet.
In der Ferne hörst du

Den trügerischen Schritt
Der Zeit, der sich dem Winter zu
Bewegt. Dann müssen
Deine Gedanken und der

Garten hier, den du so
Lichtdurchdrungen siehst,
In langem Schlummer
Liegen, düster, stumm.

Luis Cernuda

Ein Kürbis spricht

Mit der Zeit ich kommen bin,
Fall auch mit der Zeit dahin.

Mensch, hierinnen sind wir gleich,
Du magst schön sein, jung und reich:
Unsre Pracht kann nicht bestehn,
Beide müssen wir vergehn.

Nun ich jung noch bin und grüne,
O so hält man mich im Wert!
Bin ich welk und nicht mehr diene,
Wer ist dann, der mein begehrt?

Mensch, ich kann es leichtlich gläuben,
Daß du wünschst, ich möchte bleiben;
Nicht dein Will, auch meiner nicht,
Gottes Wille nur geschicht.

Dem Herbst verlangt nach mir,
Mich zu verderben,
Dem Tod, o Mensch, nach dir,
Auch du mußt sterben.

Die Zeit und wir vergehn;
Was wir hie sehen stehn
In diesem grünen Garten,
Verwelkt in kurzer Zeit,
Weil schon des Herbstes Neid
Scheint drauf zu warten.

Ich und meine Blätter wissen,
Daß wir dann erst fallen müssen,
Wenn der rauhe Herbst nun kümmt:
Aber du, Mensch, weißt ja nicht,
Ob's nicht heute noch geschicht,
Daß dir Gott das Leben nimmt?

Ob ich gleich muß bald von hier,
Kriegst du dennoch Frucht von mir;
Wenn man dich, Mensch, wird begraben,
Was wirst du für Früchte haben?

O ich habe schon vernommen,
Daß mein Feind, der Herbst, wird kommen,
Dessen Raub ich werden soll:
Lieber Mensch, gehab dich wohl!

Heinrich Albert

Besitz

Grosser Garten liegt erschlossen
Weite schweigende Terrassen:
Müsst mich alle Theile kennen
Jeden Theil geniessen lassen!

Schauen auf vom Blumenboden
Auf zum Himmel durch Gezweige,
Längs dem Bach ins Fremde schreiten,
Niederwandeln sanfte Neige:

Dann, erst dann komm ich zum Weiher
Der in stiller Mitte spiegelt,
Mir des Gartens ganze Freude
Träumerisch vereint entriegelt.

Aber solchen Vollbesitzes
Tiefe Blicke sind so selten!
Zwischen Finden und Verlieren
Müssen sie als göttlich gelten.

All in einem, Kern und Schale
Dieses Glück gehört dem Traum ....
Tief begreifen und besitzen!
Hat dies wo im Leben Raum? ....

Hugo von Hofmannsthal

Sphinx in Rosen

Aus weißem Stein geformt, im Junigarten,
Liegt eine Sphinx, die greulichste der Katzen.
Es küssen ihr die zierlichsten Standarten,
Die Rosen, windgeschaukelt, leicht die Tatzen.
Das Untier schweigt, die Lippen offenbarten,
Wie schon zu Ramses Zeiten – leere Fratzen.
Und schweigt, und schweigt, und läßt auf Antwort warten –
Im stillen Garten schwatzen nur die Spatzen.

Detlev von Liliencron

Über den Gartenzaun
gesprochen

Letztes Gartengedicht

Den Spaten ansetzen
und unter dem grünen Skalp
abgehoben mit unbedenklichem Griff
verknoten ihre nackten Leiber
Gottheiten zu schamlosen Zeichen
die keiner zu lesen vermag

Vom niegekannten Tag überfallen
fliehen kleine schwarze Gestalten
nach allen Seiten

Humus schwillt leibhaft himmelwärts:
Vorbild und Endziel
und in Ewigkeit schmerzlos
sooft auch das Eisen
ihn teilt

Über den hölzernen Stiel gebeugt
blickst du hinab
wie auf ein anatomisches Präparat
das lebendig ist zu deinem Entsetzen
aber keines Widerstandes fähig
beruhigend machtlos
glaubst du

Günter Kunert

Letzter Zweck aller Krüppelei
Altes Manuscript

O süße Hand Gottes!
Ermuntre mein Herz,
Mach, daß ich mein Unglück
Ertrage mit Scherz.
Es dünkt mich, als wenn Gott
Ballon mit mir schlüg.
Je stärker er schläget,
Je höher ich flieg.

Ich als ein klein Bäumlein
Im Garten da bin,
Gott selbst ist der Gärtner,
Und biegt mich zu ihm.
Er stutzet und putzet
Noch immer mein Zweig,
Daß ich soll aufwachsen,
Und höher aufsteig.

Ich muß es bekennen,
Gott hobelt mich sehr,
Er schneidt mich, er haut mich,
Doch fällt mir's nicht schwer,
Willst wissen warum?
Ich halte dafür,
Gott wollt ja gern schnitzeln,
Ein Engel aus mir.

Es kränket mich gar nicht,
Daß ein Krüppel ich bin,
Wer weiß ob nicht eben
Ein Glücksstern darin.

Gott ist ja so gar sehr
In die Krüpplein verliebt,
Weil er für sich selbsten
Sein Kurzweil drin geübt.

Achim von Arnim

ERDE
DER ABEND, DER GÄRTNER

Rötliche Flöckchen ziehen
Über die Berge fort,
Und wie Purpurgewänder
Und wie farbige Bänder
Flattert es hier und dort
In der steigenden Dämmrung Hort.

Gleich einem Königsgarten,
Den verlassen die Fürstin hoch –
Nur in der Kühle ergehen
Und um die Beete sich drehen
Flüsternd ein paar Hoffräulein noch.

Da des Himmels Vorhang sinkt,
Öffnet sich der Erde Brust;
Leise, leise Kräutlein trinkt
Und entschlummert unbewußt;
Und sein furchtsam Wächterlein,
Würmchen mit dem grünen Schein,
Zündet an dem Glühholz sein
Leuchtchen klein.

Der Gärtner, über die Blumen gebeugt,
Spürt an der Sohle den Tau,
Gleich vom nächsten Halme er streicht
Lächelnd die Tropfen lau;
Geht noch einmal entlang den Wall,
Prüft jede Knospe genau und gut:
»Schlaft denn«, spricht er, »ihr Kindlein all,
Schlafet! Ich laß euch der Mutter Hut;

Liebe Erde, mir sind die Wimpern schwer,
Hab die letzte Nacht durchwacht,
Breit *wohl* deinen Taumantel um sie her,
Nimm *wohl* mir die Kleinen in acht.«

Annette von Droste-Hülshoff

Zu Thaers Jubelfest,
dem 14. Mai 1824

Wer müht sich wohl im Garten dort
Und mustert jedes Beet?
Er pflanzt und gießt und spricht kein Wort,
So schön auch alles steht.
Das er gepfropft und okuliert
Mit sichrer, kluger Hand,
Das Bäumchen zart ist anspaliert
Nach Ordnung und Verstand.

Doch sagt mir, was es heißen soll?
Warum ist er so still?
Man sieht, ihm ist der Kopf so voll,
Daß er was andres will.
Genug, ihm wird nicht wohl dahier,
Ich fürcht, er will davon;
Er schreitet nach der Gartentür,
Und draußen ist er schon.

Im Felde gibt's genug zu tun,
Wo der Befreite schweift;
Er schaut, studiert und kann nicht ruhn,
Bis es im Kopfe reift.
Auf einmal hat's der Biedre los,
Wie er das Beste kann:
Nicht ruhen soll der Erdenkloß,
Am wenigsten der Mann!

Der Boden rührt sich ungesäumt
Im Wechsel jedes Jahr,
Ein Feld so nach dem andern keimt
Und reift und fruchtet bar;

So fruchtet's auch von Geist zu Geist
Und nutzt von Ort zu Ort.
Gewiß, ihr fragt nicht, wie er heißt,
Sein Name lebe fort!

Johann Wolfgang Goethe

DEUTSCHER BLUMENGARTEN

Blumengarten,
   Einen schönen will ich hegen;
Mancher Arten
Blumen, die ich gern mag pflegen,
Will ich an im Garten legen,
Ihrer warten
Schön im Blumengarten.
Augentrost
   Ist ein Kraut, das soll dastehn.
Wer getrost
Es mit Augen an darf sehn,
Dem muß Lust zu Herzen gehn.
Schad' o Frost,
Nie meinem Augentrost!
Wohlgemuth
   Ist eine Würz, die auch da sei.
Wer darauf ruht,
Und sie zieht ans Herz herbei,
Der ist aller Sorgen frei.
Sonnenglut!
Verschone mein Wohlgemuth!
Ehrenpreis
   Ist eine Pflanze, die trägt Ehr'
An jedem Reis;
Die soll wachsen immermehr.
Nichts ihr bringe Fahr und Sehr!
Lüfte leis,
Wieget mein Ehrenpreis!
Wunderhold
   Ist eine Blume, die gern man schaut;
Jede Dold'

Ist von Lieblichkeit bethaut.
Wohl mir, daß ich sie gebaut!
Nicht um Gold
Gäb' ich mein Wunderhold.
Immerlieb,
　Nimmerleid, ist ein Gesproß,
　Wo das beklieb,
　Treibt es immer frischen Schoß.
　Meiner Freuden Hauptgenoß;
　Nie kein Dieb
　Stehle mein Immerlieb!
Dieser Arten
　Blumen sind's, die ich will hegen
　In dem Garten,
　Und sie je mit Liebe pflegen.
　Komm', o Sonne, Thau und Regen,
　Helft mir warten
　Meinen Blumengarten.

Friedrich Rückert

Die Glorie des Gartens

Unser England ist ein Garten voll prächtiger Anblicke,
von Einfassungen, Beeten, Sträuchern, Rasen und Alleen,
mit Statuen auf den Terrassen und stolzierenden Pfauen;
aber die Glorie des Gartens liegt in mehr als das Auge sieht.

Denn wo die alten dichten Lorbeeren wachsen, an der
    dünnen roten Mauer,
findet ihr die Werkzeug- und Umtopf-Schuppen, die das
    Herz von allem sind;
die Frühbeete und Treibhäuser, die Jauchegruben und
    Wasserbecken,
die Walzen, Wagen und Abflußröhren samt den
    Schubkarren und Brettern.

Und dort könnt ihr die Gärtner sehen, die Männer und die
    Lehrjungen,
angewiesen, den Anweisungen zu folgen, und zwar ohne
    Lärm;
denn – außer wenn gesät wird und wir schreien, um Vögel
    zu verscheuchen –
die Glorie des Gartens liegt nicht in Worten.

Und manche können Begonien umtopfen und manche
    Rosen okulieren,
und manchen kann man eigentlich nichts anvertrauen, was
    wächst;
aber sie können die Rasen walzen und stutzen und Sand
    und Lehm sieben,
denn die Glorie des Gartens hat genug zu tun für alle, die
    da kommen.

Unser England ist ein Garten, und solche Gärten werden
   nicht erschaffen,
indem man singt: »Oh, wie herrlich!« und im Schatten sitzt;
während bessere Männer als wir losgehen und ihr
   Arbeitsleben damit beginnen,
daß sie Unkraut aus Kieswegen jäten, mit abgebrochenen
   Tafelmessern.

Kein Paar Beine ist so dünn, kein Kopf so klotzig,
keine Hand so schwach und weiß und kein Herz so krank,
daß sich nicht ein sinnvoller Job fände, der danach schreit,
   getan zu werden,
denn die Glorie des Gartens glorifiziert jeden einzelnen.

Also geh dankbar an deinen Job und arbeite, bis weitere
   Anweisungen kommen,
auch wenn du nur Netze über Erdbeeren breitest oder
   Schnecken am Beetrand tötest;
und wenn dein Rücken aufhört zu schmerzen und deine
   Hände beginnen hart zu werden,
wirst du dich als Partner wiederfinden in der Glorie des
   Gartens.

Ja, Adam war ein Gärtner, und Gott, der ihn schuf, sorgte
   dafür,
daß die Hälfte der Arbeit eines richtigen Gärtners auf
   Knien getan wird,
damit du, wenn deine Arbeit getan ist, die Hände waschen
   und beten kannst
für die Glorie des Gartens, daß sie nie vergehe!
Und die Glorie des Gartens wird nie vergehen!

Rudyard Kipling

Das Kind entdeckt den Garten

Handhoch überm Scheitel die Kronen
der Gräser, rauschend, und blau
ein Himmel, wo Wolken wohnen,
die sandten den Tropfen Tau,
der liegt vorm Aug auf dem Feuer
der Beeren und Blumen im Rund.
Stehe! So ungeheuer
tut sich die Welt dir kund.

Was kanntest du?
                Bett und Teppich,
Zimmer mit klarer Sicht
zu Kanten und Ecken: Läppisch
schaffte man die Kehre da nicht;
und man kannte den Ofen, den heißen,
und den Riegel, der Wasser verschließt,
und die Fenster, die warnend gleißen:
Hier endet der Raum, den man mißt.

Dies war im Gehäuse.
                Nun: draußen,
der Garten: Welche Welt!
Überm Kopfe der Gräser Sausen,
zu Füßen ein Frosch, der bellt,
Libellen, handlange, flitzen,
der Falterflügelschlag
und, vielleicht, Schlangen mit spitzen
Zähnen im Himbeerhag.

Auf der ganzen Haut überfallen:
Geschmack, Geruch, Gehör,

Gesicht, Gefühl, zu allen
Sinnen ein sausendes Meer,
von wildesten Wellen geworfen,
in denen man treibt so weit
über Gräser und Sträucher und Schorfen
in die Unendlichkeit

bis hin zu Nachbars Zaune,
ein unmeßbares Geviert.
Ein erstes, einziges: Staune!
Das ist die Welt, die dir wird!
Und dahinter: die Nachbarsgärten;
und dahinter: das blaue Gebirg;
und dahinter: die Fahrten und Fährten
zum fernen Sternbezirk;

und dahinter, immer dahinter
Welt um Welt gefügt –
jetzt toben und tollen die Kinder
im Garten, der heut noch genügt,
taumelnd im Forscherglücke
spannweit zwischen Apfel und Birn,
und schon die Wolken im Blicke
und schon das Dahinter im Hirn.

Franz Fühmann

Die Eichbäume

Aus den Gärten komm ich zu euch, ihr Söhne des Berges!
Aus den Gärten, da lebt die Natur geduldig und häuslich,
Pflegend und wieder gepflegt mit dem fleißigen Menschen
    zusammen.
Aber ihr, ihr Herrlichen! steht, wie ein Volk von Titanen
In der zahmeren Welt und gehört nur euch und dem
    Himmel,
Der euch nährt' und erzog, und der Erde, die euch
    geboren.
Keiner von euch ist noch in die Schule der Menschen
    gegangen,
Und ihr drängt euch fröhlich und frei, aus der kräftigen
    Wurzel,
Untereinander herauf und ergreift, wie der Adler die Beute,
Mit gewaltigem Arme den Raum, und gegen die Wolken
Ist euch heiter und groß die sonnige Krone gerichtet.
Eine Welt ist jeder von euch, wie die Sterne des Himmels
Lebt ihr, jeder ein Gott, in freiem Bunde zusammen.
Könnt ich die Knechtschaft nur erdulden, ich neidete
    nimmer
Diesen Wald und schmiegte mich gern ans gesellige Leben.
Fesselte nur nicht mehr ans gesellige Leben das Herz mich,
Das von Liebe nicht läßt, wie gern würd ich unter euch
    wohnen!
                    Friedrich Hölderlin

Über den Gartenzaun gesprochen

Der Ursprung von drei Weltreligionen
eine Dünendrift aus verminten Zonen –
Da empfiehlt es sich schon
in gemäßigten Ländern
durch ein selbstverfaßtes Idyll zu schlendern.
Während ich – schaut nur hin –
meine Blümchen tränke,
wieder Mordsradau in
der Dreigöttersenke –
die ballern uns noch den Erdball entzwei
wegen ihrer dreierlei Rechthaberei.

Unverbindlicher Wink übern Gartenzaun:
Bloß nicht ewig den eigenen Götzen vertraun,
und sich statt an Gebetsbüchern
dummzulesen:
Hier sind Hacke,
Harke,
Schaufel und Besen,
und nach zwei drei Jahren erblüht für jeden
vor der eigenen Haustür ein Garten Eden.

Peter Rühmkorf

Anhang

Kleine Gartenschau

Das Paradies war der erste Garten. In seiner Plauder-Enzyklopädie »Demokritos oder hinterlassene Papiere eines lachenden Philosophen« spielt Karl Julius Weber auf das erste Buch Mose an: »Gott setzte Adam und Eva in das Paradies, d. h. in einen Garten, und daher ist Gartenliebhaberei, die unsere Wohnplätze umwandelt, uns angeboren; es muß nicht gerade ein Landgut sein, ein Gärtchen ist hinreichend, und wie viele müssen sich begnügen mit einem Duodezgärtchen vor dem Fenster?«

So ist das Bild des Gartens metaphorisch höchst ergiebig. Paradiesisches leuchtet auf, am meisten wohl im Rückblick auf die Gärten der Kindheit: Orte unbeschwerten Daseins. (1840 nannte der Pädagoge Friedrich Wilhelm August Fröbel die Vorschule für kleine Kinder »Kindergarten«; das reizvolle Kompositum fand weltweite Verbreitung.)

In religiöser Lyrik wird die Welt zum Garten, in dem Christus als »guter Gärtner« sein Werk verrichtet. Brockes dient die »Kirsch-Blühte« wie auch alle anderen Naturphänomene schlussendlich dem Lobpreis Gottes. Da aber himmlische Schönheit nur angedeutet, nicht beschrieben werden kann, widmet sich der Dichter der ausgiebigen Darstellung der irdischen.

Aber nicht nur die religiös inspirierte Dichtung versieht den Garten mit tieferer oder höherer Bedeutung. Gern wird er als Analogie fürs Vaterland genommen. Rückert legt in der ihm eigenen poetischen Unbekümmertheit den »Deutschen Blumengarten« an. Rudyard Kipling preist das Empire als Garten, nicht ohne die Genealogie bis auf Adam zurückzuführen. Jedoch wird Adam bei ihm erst nach Verlassen des Paradieses zum

Gärtner, denn die Hälfte seiner Arbeit wird mühevoll auf Knien geleistet.

Freilich richtet sich das Interesse dieser Anthologie nicht vorrangig auf den metaphorischen und rhetorischen Überschwang im Gebrauch der Gartenmetapher. Sie rückt – das Gleichnishafte stellt sich von selbst ein – das Gegenständliche und Konkrete ins Zentrum, das menschliche Tun, die oft schweißtreibende Gartenarbeit. Das »frisch umgegrabene Land« Brockes' steht nicht zufällig an ihrem Beginn. Gartendichtung dieser Art beginnt mit Vergils berühmtem Lehrgedicht »Georgica«, das sich allerdings fast ausschließlich mit dem Landbau beschäftigt. Eine Passage aber gilt der Tätigkeit im Garten und der Freude an ihm. Sie schließt mit der Aufforderung an künftige Dichter, sich diesem Gegenstand zu widmen.

Walahfrid Strabo (808–849), eine Zeitlang Abt des Klosters auf der Bodenseeinsel Reichenau, war einer dieser Dichter. Sein in Latein verfasstes Gedicht »Über den Gartenbau« besticht durch Erfahrungsreichtum. Im ersten Passus werden die Mühen der Gartenarbeit benannt. Erfolg stellt sich ein, wenn man sich nicht scheut, »Mist zu verteilen aus vollen Körben im trockenen Erdreich. / Dies entdeckte mir nicht landläufiger Rede Erkenntnis / Und nicht allein Lektüre, die schöpft aus den Büchern der Alten: / Arbeit und eifrige Neigung vielmehr, die ich vorzog der Muße, / Tag für Tag, haben dies mich gelehrt durch eigne Erfahrung.«

Wie sich die »Fettigkeit, die Fruchtbarkeit der Erden« (Brockes) nicht zuletzt dem Dung verdankt, erörtert William Cowper in seinem Langgedicht »The Task – Die Aufgabe«, und zwar im 3. Band »Der Garten«. »The Task« ist ein lyrischer Essay in Blankversen, bestehend aus mehreren tausend Zeilen und sechs Bänden: eine Betrachtung der Welt im Großen – und im Kleinen.

Im Garten ist man der Natur nahe, dem Wechsel der

Jahreszeiten. Der richtige Zeitpunkt für nötige gärtnerische Verrichtungen darf nicht verpasst werden. Gesteigertes Interesse gilt dem Wetter. Schließlich kann der Kohlrabi aufplatzen, wenn es plötzlich stark regnet. Die vier Jahreszeiten sind eines der beliebtesten lyrischen Themen. Ist der Gartenfreund auch ein Musikfreund, wird ihm sofort Vivaldi einfallen oder Haydns letztes Oratorium, »Die Jahreszeiten«. Letzteres fußt auf James Thomsons »The Seasons« (erschienen 1726–1730), einem vierteiligen Lehrgedicht in fünfeinhalbtausend Blankversen. Ein folgenreiches Buch für die Natur-, Landschafts- und auch Gartendichtung. Was es für das Natur- und Zeitempfinden bedeutet, wenn das Regime der Jahreszeiten außer Kraft gesetzt ist, wenn in der modernen Zivilisation alles überall – »Opulenz eimerweise« – und zu jeder Zeit zu haben ist, fragt die amerikanische Lyrikerin Amy Clampitt in ihrem Gedicht »Nichts bleibt, wo's ist«.

Der Garten ist ein Produkt der Kultur, in ihm vereinen und versöhnen sich Natur und Zivilisation. Wilde Natur wird gebändigt, die Drangsal der Zivilisation gemildert. Das »umzäunte kleinere Stück Land zum Anbau von Nutz- und Zierpflanzen«, so die gebräuchliche Definition des Gartens, die Umfriedung ist sein Charakteristikum. Die Natur-Sehnsucht, die der Landschaft vor den Toren der Stadt gilt – »Komm! ins Offene, Freund!«, ruft Hölderlin aus im Gedicht »Der Gang aufs Land« –, bescheidet sich mit einem Stück Land in den Toren: einem hortus conclusus. Er ist ein Refugium; in seinem Maße kann das Individuum frei schalten und walten. Gartenarbeit und Gartenlust sind nicht getrennt voneinander: Das gärtnerische Wirken mag anstrengend sein – aber es ist ein als sinnvoll empfundenes selbstbestimmtes Tun.

Der Garten ist geordnete Natur. Seine Gestaltung ist für den modernen Stadtmenschen oft der einzige Kontakt zur Natur. Aber der Gartenfreund ist nicht unbedingt ein

Naturfreund. Wo die Nützlichkeit regiert, haben Unkraut und Ungeziefer, die doch nicht minder Natur sind als brauchbares Kraut und Getier, nichts zu suchen. Unkraut ist das Kraut, das dort wächst, wo es nicht wachsen soll. Das epigrammatisch zugespitzte Nachdenken über Gartenschädlinge und den Umgang mit ihnen bei Goethe, Schiller, Storm, Hebbel und Busch macht deutlich: Ökologie – die Betrachtung der Natur als selbstregulierendes System – war schon ein Thema der Dichtkunst, als es das Wort dafür noch nicht gab.

Das lustvolle Genießen kommt nicht zu kurz in unserer Anthologie. Das selbstangebaute Gemüse und das selbstgeerntete Obst werden mehr genossen als das gekaufte. Und ist es nicht schöner, die Früchte unserer Mühen in »fröhlicher Gesellschaft« auszukosten? Und wenn die »Einladung an Dorimenen« ergeht, ist sie auf besondere Weise lustbetont. Die oft höchst kunstvolle, manchmal frivole Art, wie die »Liebesgarten«-Gedichte »Liebeszeichen« deuten und »durch die Blume sprechen«, spiegelt sinnfällig den Wechsel der Götter, Zeiten, Moden wider.

Eine Augenweide ist der Blumengarten, der dem Auge, dem ästhetischen Hauptsinn des Menschen, reichlich Nahrung bietet. Ein Fest der Farben wird gefeiert, göttlicher Natur: »Der Rosenflor, den er gezogen, / Der Georginen bunte Zahl / Gleicht einem farb'gen Regenbogen, / Der von dem Himmel sank zu Tal.« (Justinus Kerner) Gleichen Gedichte nicht farbigen Beeten? Doch wird der Augentrost ja lediglich erinnert, ebenso wie Aroma, Duft und Geschmack – es sind die Anklangsnerven, die zuerst und unwillkürlich gereizt werden. Der Garten ist der Ort »zauberhafter Klänge« in Ludwig Tiecks Sonett, er ist die Allegorie der (romantischen) Dichtkunst. Die Töne sind es, die über die Begrenzung des Gartens ins Weite und Unendliche dringen. Gedichte sind in Klangfarben tönende Beete.

Das lateinische Wort *versus* bedeutet Umkehr, Kehre. »Es ist das Bild des pflügenden Bauern«, so Wolfgang Kayser in der »Kleinen deutschen Vers-Schule«, »das da vor uns aufsteigt, wie er seine Furche zieht und nun umdreht: *versus* ist das Furchenpaar.« Die »Beete« in unserer Gartenschau-Anthologie sind von unterschiedlicher Größe und Form: Hymnen und Oden, Elegien und Idyllen, Sonette und Sizilianen, Lieder und freie Rhythmen, das Prosagedicht und das Lehrgedicht in Blankversen, Distichen und Haikus, die Ritornelle und das Ghasel.

Oft haben wir im ästhetischen Hochgefühl der Gartenbegeisterung nicht die eingangs erwähnten »Duodezgärtchen« vor Augen, sondern die Parks und Prachtgärten der Begüterten. Demgegenüber sind die Kleingärten das Paradies »kleiner Leute«. 1919 wurde in Deutschland die Kleingarten- und Kleinpachtlandordnung verabschiedet, die der Schrebergarten-Bewegung zu enormem Aufschwung verhalf. Benannt wurden diese Gärten nach dem 1861 gestorbenen Mediziner Daniel Schreber, der mit der Begründung des ersten Leipziger Turnvereins die Anlage von Grünflächen für Spiel und Sport der Kinder fördern wollte. Der Lehrer Heinrich Karl Gsell gilt als eigentlicher Gründer der Gartenbewegung, er legte am Schreberplatz Beete an.

In schwierigen Zeiten hatten die Kleingärten übrigens eine nicht zu unterschätzende ökonomische Bedeutung. Aus dem Jahr 1947 gibt es Fotos, die die parzellierte Brache zwischen ausgebranntem Reichstag und Brandenburger Tor bis hin zur Siegessäule zeigen. Dort bauten die Berliner Kohl, Mohrrüben und Kartoffeln an. Wachen wurden organisiert, um die Überlebensmittel vor Dieben zu schützen. Im Rosengarten denkt man eher ans Paradies als im Gemüsegarten. Vielleicht zu Unrecht. Jedenfalls haben Kohl und Kürbis in dieser Anthologie ihren wohlverdienten Platz.

In einem Jahrhundert des Unheils, der Kriege und Diktaturen spiegeln sich die geschichtlichen Erfahrungen auch im Gartengedicht. Der Garten dient als Rückzugsort, man favorisiert ein Leben im Verborgenen, sucht gesellschaftlichen Zumutungen und Repressionen zu trotzen. Eines der eindrucksvollsten Gartengedichte des vorigen Jahrhunderts stammt von Marina Zwetajewa, die sich 1941 das Leben nahm. Ihre Stakkatoverse beschwören den Garten als utopischen Gegenort zu einer Welt des Terrors, der Verfolgung und Vernichtung: »Garten: Keines Schritt! / Garten: Keines Blick! / Garten: Keines Pfiff! / Garten: Keines Griff!«

Zum anderen partizipiert die »zur Idylle utopisierte Natur« (Bloch) am Zwangscharakter der Gesellschaft; Geschichte und ihr gewalttätiges Ordnungspotential bleiben nicht vor den Toren des Gartens. Er wird zum »Exerzierplatz« (Sarah Kirsch), und die Gestalt des »guten Gärtners« verkehrt sich in ihr Gegenteil.

Im Garten können wir uns zeitweilig von der Außenwelt zurückziehen, gar vor ihr verschließen. Im so gewonnenen Ruhe-Raum können wir eintauchen in unsere Innenwelt. Nur wollen wir das? Mit welchen Sehnsüchten, Begierden, Sorgen, Ängsten werden wir konfrontiert? All das Zwiespältige der menschlichen Natur und Geschichte wird seit der Romantik und zumal in der Moderne zunehmend gespürt und reflektiert. Im Priapisch-Dionysischen, im Heimlichen und Unheimlichen korrespondieren insgeheim Wunsch- und Schreckensbilder. Im Gedicht der Moderne lockt stärker als zuvor das Numinose; die Umfriedung des Gartens respektive des Gedichts kontrastiert mit der Entgrenzung: »Zuckend füllen sich die Räume, / Blitz und Bilder fließen ein, / Wege wuchernd ohne Säume ...« (Elisabeth Langgässer).

Dem Rausch und der Trunkenheit der »Gärten und Nächte« steht die Besinnung gegenüber. Im Garten mag man zum Nachdenken kommen. Denken als Gartenarbeit. Es reicht über den Gartenzaun. Peter Rühmkorf präsentiert in lässigem Gestus die Garten- nochmals als Global- und Paradiesmetapher: eine Aufforderung, seinen Garten zu bestellen, die Voltaires vielzitierte Schlussformel des »Candide« aufruft und umkehrt.

Jürgen Engler

DER HERAUSGEBER

Jürgen Engler, geboren 1945 in Dresden, studierte Kulturwissenschaften und Germanistik in Leipzig. Er arbeitete im Verlagswesen und als Redakteur der Zeitschriften *ndl, Sinn und Form* und *Weltbühne*; von 1995 bis 2004 war er Chefredakteur der *neuen deutschen literatur*. Er lebt heute als Literaturkritiker und Herausgeber in Berlin. Zuletzt Herausgaben 2005: *Small talk im holozän. neue deutsche literatur* und *Apokalypse. Schreckensbilder in der deutschen Literatur von Jean Paul bis heute*.

Autoren- und Quellenverzeichnis

Achim von Arnim (1781–1831)
Letzter Zweck aller Krüppelei 166
Aus: Des Knaben Wunderhorn. Alte deutsche Lieder gesammelt von L. Achim v. Arnim und Clemens Brentano. Nach der Originalausgabe, Heidelberg 1806 bis 1808, neu herausgegeben von Friedrich Bremer. Leipzig o. J.

Heinrich Albert (1604–1651)
Ein Kürbis spricht 158
Aus: Tränen des Vaterlandes. Deutsche Dichtung aus dem 16. und 17. Jahrhundert. Eine Auswahl von Johannes R. Becher. Berlin: Aufbau-Verlag 1963.

Bashô (1644–1694)
So viele Dinge 36
Aus: Haiku. Japanische Dreizeiler. Auswahl, Übersetzung aus dem Japanischen und Nachwort von Jan Uhlenbrock. © Verlag Philipp Reclam jun. Verlag GmbH, Stuttgart 2004.

Gottfried Benn (1886–1956)
Gärten und Nächte 108
Aus: G. Benn: Statische Gedichte. Hg. von Paul Raabe. © 1948, 2006 by Arche Literatur Verlag AG, Zürich/Hamburg.

Bertolt Brecht (1898–1956)
Der Blumengarten 74
Aus: B. Brecht: Große kommentierte Berliner und Frankfurter Ausgabe. Bd. XII. © Suhrkamp Verlag Frankfurt am Main 1988.

Barthold Hinrich Brockes (1680–1747)
Frisch umgegrabnes Land im Frühling 16
Kirsch-Blühte bey der Nacht 29
Aus: B. H. Brockes: Im grünen Feuer glüht das Laub.
Ausgewählte Gedichte. Weimar: Gustav Kiepenheuer
Verlag 1975.

Wilhelm Busch (1832–1908)
Der Kohl 42
Duldsam 150
Aus: W. Busch: Hundert Gedichte. Hrsg. von Gudrun
Schury. Berlin: Aufbau Verlagsgruppe 2007.

Luis Cernuda (1902–1963)
Der Garten (Nachdichtung: Erich Arendt) 156
Aus: Luis Cernuda: Das Wirkliche und das Verlangen.
Gedichte. Leipzig 1978.

Amy Clampitt (1920–1994)
Nichts bleibt, wo's ist 60
Aus: A. Clampitt: Eisvogel. Ausgewählte Gedichte.
Amerikanisch und Deutsch. Aus dem Amerikanischen und mit einem Nachwort von Joachim Kalka. ©
1997 by the Estate of Amy Clampitt. Klett-Cotta,
Stuttgart 2005.

William Cowper (1731–1800)
Der Stall gewährt ihm einen Haufen Dung 50
Aus: W. Cowper: Die Aufgabe – The Task (III. Buch:
Der Garten). Ins Deutsche übertragen, herausgegeben
mit einem Nachwort und einem Anmerkungsapparat
versehen von Wolfgang Schlüter. © 1998 Druckhaus
Galrev, Berlin.

Theodor Däubler (1876–1934)
Der Garten 70
Sommergebet 18
Aus: Th. Däubler: Der sternhelle Weg. Leipzig ²1919.

Max Dauthendey (1867–1918)
Die Sommernacht, und andachtsvoll der dunkle Garten 118
Aus: M. Dauthendey: Die Amseln haben Sonne getrunken. Hrsg. Von Hans Dieter Schmidt. Würzburg 1978.
Gartenwelt 64
Aus: M. Dauthendey: Gesammelte Dichtungen und kleinere Versdichtungen. München 1930.

Annette von Droste-Hülshoff (1797–1848)
Erde. Der Abend, der Gärtner 168
Aus: A. von Droste-Hülshoff: Werke und Briefe. Erster Band: Lyrik / Epische Dichtungen. Hrsg. von Manfred Häckel. Leipzig 1976.

Joseph von Eichendorff (1788–1857)
Der alte Garten 125
Herbstweh 21
Aus: J. von Eichendorff: Sämtliche Werke. Historisch-kritische Ausgabe. Bd. I/1: Gedichte. Stuttgart/Berlin/Köln 1993.

Hinnerk Einhorn (*1944)
Krüpelsee-Idyll 144
Aus: H. Einhorn: Voyage au Paradis. Blieskastel 2000. © Hinnerk Einhorn.

Adolf Endler (1939–2009)
Der Laubenpieperfriedhof 140
Aus: A. Endler: Der Pudding der Apokalypse. © Suhrkamp Verlag, Frankfurt am Main 1999.

Paul Fleming (1609–1640)
An ihren Garten 100
Aus: P. Fleming: Sei dennoch unverzagt. Eine Auswahl. Berlin: Rütten & Loening 1977.

Franz Fühmann (1922–1984)
Das Kind entdeckt den Garten 176
Aus: F. Fühmann: Gesamtausgabe. Band 2: Gedichte und Nachdichtungen. © Hinstorff Verlag GmbH, Rostock 1993.

Stefan George (1868–1933)
Blumen 62
Wir werden heute nicht zum garten gehen 113
Aus: St. George: Die Gedichte / Tage und Taten. Stuttgart 2003.

Johann Wolfgang Goethe (1749–1832)
Blumen sehet ruhig sprießen (aus: Faust II) 86
Hinten im Winkel des Gartens 101
Oden an meinen Freund / Erste Ode 34
»Sprich, wie werd ich die Sperlinge los?« 44
Zu Thaers Jubelfest, dem 14. Mai 1824 170
Aus: J. W. Goethe: Poetische Werke. Band 1: Gedichte und Singspiele. Berliner Ausgabe. 3. Auflage. Berlin und Weimar: Aufbau-Verlag 1976.

Peter Gosse (*1938)
Hymne in Rainers Garten 88
Aus: P. Gosse: Ausfahrt aus Byzanz. Halle–Leipzig 1982. © Peter Gosse.

Go Tjän-min (um 1200)
Frühlingsabend 155
Aus: Chrysanthemen im Spiegel. Klassische chinesische Dichtungen. Hrsg. von Ernst Schwarz. Berlin: Rütten & Loening 1969.

Peter Hacks (1928–2003)
Vernunftreiche Gartenentzückung 152
Aus: P. Hacks: Werke in fünfzehn Bänden. © Eulenspiegel Verlag, Berlin 2003.

Friedrich Hebbel (1813–1863)
Raupe und Schmetterling 41
Aus: F. Hebbel: Werke in acht Bänden. Hrsg. von Wilhelm Waetzoldt. Siebenter Band. Gedichte. Berlin o. J.

Heinrich Heine (1797–1856)
Unterm weißen Baume sitzend 27
Aus: H. Heine: Sämtliche Werke. Hrsg. von Hans Kaufmann. 3., rev. Auflage. Berlin und Weimar: Aufbau-Verlag 1980.

Kerstin Hensel (*1961)
Meine Welt 141
Aus: K. Hensel: Alle Wetter. Gedichte. © 2008 Luchterhand Literaturverlag, München, in der Verlagsgruppe Random House GmbH.

Hermann Hesse (1877–1962)
Traum 128
Aus: H. Hesse: Sämtliche Werke. Band 10. © Suhrkamp Verlag Frankfurt am Main 2002.

Georg Heym (1887–1912)
Laubenfest (Letzte Fassung) 137
Aus: G. Heym: Das Werk. Frankfurt am Main o. J.

Friedrich Hölderlin (1770–1843)
Die Eichbäume 178
Aus: F. Hölderlin: Sämtliche Werke und Briefe. Band 1: Gedichte. Berlin und Weimar: Aufbau-Verlag 1970.

Ludwig Christoph Heinrich Hölty (1748–1776)
An einen Blumengarten 63
Der Gärtner an den Garten im Winter 22
Aus: L. Chr. H. Hölty: Werke und Briefe. Berlin und Weimar: Aufbau-Verlag 1966.

August Heinrich Hoffmann von Fallersleben (1798–1874)
  Der Blumist 57
  Aus: A. H. Hoffmann von Fallersleben: Gesammelte Werke. Zweiter Band: Lyrische Gedichte. Berlin 1891.
  Der Kindergarten 131
  Aus: A. H. Hoffmann von Fallersleben: Gedichte und Lieder. Hrsg. von Hermann Wendebourg und Anneliese Gebert. Hamburg 1974.

Hugo von Hofmannsthal (1874–1929)
  Besitz 160
  Aus: H. von Hofmannsthal: Sämtliche Werke II. Gedichte 2. Hrsg. von Andreas Thomasberger und Eugene Weber. Frankfurt am Main 1988.
  Mein Garten 123
  Aus: H. von Hofmannsthal: Sämtliche Werke I. Gedichte 1. Hrsg. von Eugene Weber. Frankfurt am Main 1984.

Christian Hoffmann von Hoffmannswaldau (1616–1679)
  An Flavien. Über einen auf ihrer brust steckenden Hyacinthen-strauß. 95
  Aus: Gedichte 1700–1770. Nach den Erstdrucken in zeitlicher Folge herausgegeben von Jürgen Stenzel. München 1977.

Arno Holz (1863–1929)
  Ein / von vier / schrägen 138
  Hinter / einem alten, / windschief krumpeligen 114
  Hinter hohen Mauern 129
  Aus: A. Holz: Das Werk. Phantasus. Band I. Berlin 1925.

Ricarda Huch (1864–1947)
  Zwei Gärten 126
  Aus: R. Huch: Gesammelte Werke. Fünfter Band.
  © 1971 by Verlag Kiepenheuer & Witsch Köln.

Peter Huchel (1903–1981)
  Der Garten des Theophrast 142
  Aus: P. Huchel: Chausseen Chausseen. Gedichte.
  S. Fischer Verlag. Frankfurt am Main 1965. © 1963
  S. Fischer Verlag, Frankfurt am Main.

Anna Louisa Karsch (1722–1791)
  Lob der schwarzen Kirschen 84
  Vorbitte wegen eines Nussbaums 32
  Aus: A. L. Karschin: O, mir entwischt nicht, was die
  Menschen fühlen. Gedichte und Briefe / Stimmen von
  Zeitgenossen. Hrsg. von Gerhard Wolf. Berlin 1981.

Justinus Kerner (1786–1862)
  Der Garten zu Schwaigern 67
  Aus: Justinus Kerners sämtliche poetische Werke in
  vier Bänden. Hrsg. von Josef Gaismeier. Erster Band.
  Leipzig o. J.

Rudyard Kipling (1865–1936)
  Die Glorie des Gartens 174
  Aus: R. Kipling: Die Ballade von Ost und West. Selected
  Poems / Ausgewählte Gedichte. Übersetzt von Gisbert
  Haefs. Zürich 1992.

Rainer Kirsch (*1934)
  Petrarca hat Malven im Garten, und beschweigt die
  Welträtsel 102
  Aus: R. Kirsch: Werke in vier Bänden. Band I: Gedichte
  und Lieder. © Eulenspiegel Verlag, Berlin 2004.

Sarah Kirsch (*1935)
  Erdreich 49
  Selektion 143
  Aus: S. Kirsch: Sämtliche Gedichte. © Deutsche Verlags-
  Anstalt. München 2005.

Ewald Christian von Kleist (1715–1759)
Der schöne Garten 71
Aus: Ewiger Vorrat deutscher Poesie. Besorgt von Rudolf Borchardt. München 1926.

Gertrud Kolmar (1894–1943)
Die graue Nacht 107
Aus: G. Kolmar: Frühe Gedichte (1917–1922). Wort der Stummen (1933). Kösel-Verlag, München 1980. © Suhrkamp Verlag Berlin.

Karl Friedrich Kretschmann (1738–1809)
Einladung in den Garten; an Dorimenen 96
Aus: Karl Friedrich Kretschmanns sämtliche Werke. Zweiter Band. Leipzig 1784.

Günter Kunert (*1929)
Letztes Gartengedicht 165
Aus: G. Kunert: Abtötungsverfahren. © 1980 Carl Hanser Verlag München.

Elisabeth Langgässer (1899–1950)
Arachne 110
Aus: E. Langgässer: Gedichte. Ullstein Werkausgaben. © 1981 Ullstein Buchverlage GmbH, Berlin.

Detlev von Liliencron (1844–1909)
Alt geworden 130
Sphinx in Rosen 161
Aus: D. von Liliencron: Adjutantenritte und andere Gedichte. Leipzig 1883.

Oskar Loerke (1884–1941)
Garten 112
Aus: O. Loerke: Gedichte und Prosa. Band I. © 1958 Suhrkamp Verlag Frankfurt am Main 1958.

Eduard Mörike (1804–1875)
   Liebesvorzeichen 98
   Aus: E. Mörike: Werke und Briefe. 1. Band. 1. Teil: Gedichte. Hrsg. von Hans-Henrik Krummacher. Stuttgart 2003.

Georg Maurer (1907–1971)
   Im Garten 154
   Aus: G. Maurer: Werke. Band 2. Halle/Leipzig 1987. © Eva Maurer.

Peter Host Neumann (1936–2009)
   Als sie nach einer Sommerreise ihren Garten wiedersah   90
   Aus: P. H. Neumann: Der Heckenspringer. Ausgewählte Gedichte. © 2009 Rimbaud Verlag, Aachen.

Boris Pasternak (1890–1960)
   Der weinende Garten (Nachdichtung: Elke Erb) 91
   Aus: B. Pasternak: Gedichte und Poeme. Berlin: Aufbau-Verlag 1996. © Elke Erb.

Richard Pietraß (*1946)
   Fliedergärten 119
   Aus: R. Pietraß: Schattenwirtschaft. © 2002 Faber & Faber Verlag GmbH, Leipzig.

Rainer Maria Rilke (1875–1926)
   Der Apfelgarten 149
   Schlaf-Mohn 117
   Schon, horch, hörst du der ersten Harken (Sonette an Orpheus. Zweiter Teil. XXV) 15
   Voller Apfel, Birne und Banane (Sonette an Orpheus. Erster Teil. XIII) 87
   Aus: R. M. Rilke: Werke in drei Bänden. Erster Band: Gedichte. Leipzig 1975.

Thomas Rosenlöcher (*1947)
Das Holz der Rede 30
Der Garteneinsatz 39
Aus: Th. Rosenlöcher: Ich sitze in Sachsen und schau in den Schnee. © Suhrkamp Verlag Frankfurt am Main 1998.

Friedrich Rückert (1788–1866)
Beschränkung 135
Aus: F. Rückert: Ausgewählte Werke. Leipzig 1959.
Das Ahrimansgeschmeiß 48
Aus: F. Rückert: Liedertagebuch. Werke der Jahre 1850–1851. Erster Band. Bearbeitet von Rudolf Kreutner und Hans Wollschläger. Göttingen 2003.
Deutscher Blumengarten 172
Aus: Friedrich Rückerts Gedichte für die Jugend. Ausgewählt im Einverständnis mit dem Dichter von Ferdinand Scheler. Leipzig o. J.

Peter Rühmkorf (1929–2008)
Über den Gartenzaun gesprochen 179
Aus: P. Rühmkorf: Paradiesvogelschiß. Gedichte. © 2008 by Rowohlt Verlag GmbH, Reinbek bei Hamburg.

Djalal al-Din Rumi (1207–1273)
Die Rose ist das höchste Liebeszeichen 104
Aus: Stimmen des Orients. Arabische, persische, indische und chinesische Dichtungen in der Übertragung von Friedrich Rückert. Hrsg. von Johannes Mehlig. Leipzig 1965.

Sazanami (1870–1933)
Von Vogelscheuche 46
Aus: Haiku. Japanische Dreizeiler. Auswahl, Übersetzung aus dem Japanischen und Nachwort von Jan Uhlenbrock. © Philipp Reclam jun. Verlag GmbH, Stuttgart 2004.

Friedrich Schiller (1759–1805)
  Hausrecht 45
  Aus: F. Schiller: Sämtliche Werke. Berliner Ausgabe.
  Band 1: Gedichte. Aufbau-Verlag, Berlin 2005.

Schmidt von Werneuchen (1764–1838)
  Abendfreuden 136
  Aus: Schmidt von Werneuchen: Einfalt und Natur. Gedichte. Hrsg. von Günter de Bruyn. Buchverlag Der Morgen. Berlin 1981.

Axel Schulze (1943–2004)
  Englischer Garten 153
  Aus: A. Schulze: Zu ebener Erde. Mitteldeutscher Verlag. Halle (Saale) 1973.

Ernst Stadler (1883–1914)
  Frühlingsnacht 103
  Aus: E. Stadler: Dichtungen, Schriften, Briefe. Kritische Ausgabe. Hrsg. von Klaus Hurlebusch und Karl Ludwig Schneider. München 1983.

Theodor Storm (1817–1888)
  Frauen-Ritornelle 124
  Im Garten 40
  Aus: Th. Storm: Sämtliche Werke in vier Bänden. Hrsg. von Peter Goldammer. Aufbau-Verlag, Berlin 1995.

Walahfrid Strabo (um 808–849)
  Flaschenkürbis (Nachdichtung: Werner Näf und Mathäus Gabathuler) 79
  Aus: Hans-Dieter Stoffler: Der Hortulus des Walahfrid Strabo. Sigmaringen 1996.

Eva Strittmatter (*1930)
  Grüner Juni 19
  Aus: E. Strittmatter: Sämtliche Gedichte. Berlin 2006.
  © Aufbau Verlag GmbH & Co. KG, Berlin 2010.

Su Schï (1036–1101)
  Fröhliche Gesellschaft im Garten des Einsiedlers
  (Nachdichtung: Günter Eich) 89
  Aus: Lyrik des Ostens. Hrsg. von Wilhelm Gundert,
  Annemarie Schimmel und Walther Schubring. © 1952
  Carl Hanser Verlag München.

James Thomson (1700–1748)
  Zulezt thun vor dem Auge im vollend'ten Garten ... 58
  Aus: J. Thomson: Die Jahreszeiten / The Seasons.
  Übersetzt und herausgegeben von Wolfgang Schlüter.
  © 2003 Urs Engeler Editor, Basel/Weil am Rhein.

Ludwig Tieck (1773–1853)
  Garten 66
  Aus: L. Tieck: Gedichte. Berlin 1841.

Georg Trakl (1887–1914)
  Verfall 20
  Aus: G. Trakl: Die Dichtungen. Salzburg 1938.

Vergil (70–19 v. Chr.)
  Und ich selber fürwahr 77
  Aus: Vergil: Werke in einem Band. Aus dem Lateinischen übersetzt von Richard Seelisch und Wilhelm Hertzberg. 2. Auflage. Berlin und Weimar: Aufbau-Verlag 1966.

Johann Heinrich Voß (1751–1826)
  Obstlied 82
  Aus: J. H. Voß: Sämtliche Gedichte. Auswahl der lezten Hand. Dritter Band. Königsberg 1825.

Christian Wagner (1835–1918)
  Blühender Kirschbaum 28
  Aus: Chr. Wagner: Gedichte. Stuttgart und Aalen 1981.

Walther von der Vogelweide (ca. 1170–ca. 1230)
  Wo kräuter gut gewachsen sind 47
  Aus: W. von der Vogelweise: Frau Welt, ich hab von dir
  getrunken. Gedichte. Hrsg. und übertragen von Hubert Witt. Berlin 1998. © Rütten & Loening, Berlin 1979.

Marina Zwetajewa (1892–1941)
  Der Garten (Nachdichtung: Elke Erb) 145
  Aus: Ausgewählte Werke. Hrsg. von Edel Mirowa-Florin. Band 1: Lyrik. Berlin 1989.

Trotz sorgfältiger Nachforschungen waren nicht alle Rechteinhaber zu ermitteln. Etwaige Forderungen bitten wir an den Verlag zu richten.

Alphabetisches Verzeichnis
der Gedichtanfänge und -überschriften

Abendfreuden   *Schmidt von Werneuchen* 136
Abseits im Garten blüht der böse Schlaf
   Rainer Maria Rilke 117
Als sie nach einer Sommerreise ihren Garten wiedersah
   Peter Horst Neumann 90
Alt geworden   *Detlev von Liliencron* 130
Am Abend, wenn die Glocken Frieden läuten
   Georg Trakl 20
Am See, tief zwischen Tann und Silberpappel
   Bertolt Brecht 74
Am Tisch sitz ich im Konstruktionsbüro   *Georg Maurer* 154
An einen Blumengarten
   Ludwig Christoph Heinrich Hölty 63
An Flavien. Über einen auf ihrer brust steckenden Hyacinthen-strauß
   Christian Hoffmann von Hoffmannswaldau 95
An ihren Garten   *Paul Fleming* 100
Arachne   *Elisabeth Langgässer* 110
Aus den Gärten komm ich zu euch   *Friedrich Hölderlin* 178
Aus hellem Haus tret ich in einen Garten   *Kerstin Hensel* 141
Aus weißem Stein geformt, im Junigarten
   Detlev von Liliencron 161

Besänftigender Winde Schritte   *Oskar Loerke* 112
Beschränkung   *Friedrich Rückert* 135
Besitz   *Hugo von Hofmannsthal* 160
Betret' ich nun des Gartens grüne Gänge?
   Ludwig Tieck 66
Blühende Myrte   *Theodor Storm* 124
Blühender Kirschbaum   *Christian Wagner* 28
Blumen   *Stefan George* 62
Blumen sehet ruhig sprießen   *Johann Wolfgang Goethe* 86
Blumengarten, / Einen schönen will ich hegen
   Friedrich Rückert 172

Da goldgelb sich die Aprikosen färben *Su Schï*	89
Da schlängelteduckte ich *Peter Gosse*	88
Das Ahrimansgeschmeiß *Friedrich Rückert*	48
Das Holz der Rede *Thomas Rosenlöcher*	30
Das Kind entdeckt den Garten *Franz Fühmann*	176
Das Seltsame und das Wunderbare sind zu sehr um uns *Amy Clampitt*	60
Den Spaten ansetzen *Günter Kunert*	165
Der alte Garten *Joseph von Eichendorff*	125
Der Apfelgarten *Rainer Maria Rilke*	149
Der Blumengarten *Bertolt Brecht*	74
Der Blumist *August Heinrich Hoffmann von Fallersleben*	57
Der Garten *Luis Cernuda*	156
Der Garten *Theodor Däubler*	70
Der Garten *Marina Zwetajewa*	145
Der Garten des Theophrast *Peter Huchel*	142
Der Garten zu Schwaigern *Justinus Kerner*	67
Der Garteneinsatz *Thomas Rosenlöcher*	39
Der Gärtner an den Garten im Winter *Ludwig Christoph Heinrich Hölty*	22
Der Kindergarten *August Heinrich Hoffmann von Fallersleben*	131
Der Kohl *Wilhelm Busch*	42
Der Laubenpieperfriedhof *Adolf Endler*	140
Der offne Mohn erhellt die Gartenwelt verwundert *Max Dauthendey*	64
Der schöne Garten *Ewald Christian von Kleist*	71
Der schreckliche! *Boris Pasternak*	91
Der Stall gewährt ihm einen Haufen Dung *William Cowper*	50
Der Ursprung von drei Weltreligionen *Peter Rühmkorf*	179
Der weinende Garten *Boris Pasternak*	91
Des morgens früh *Wilhelm Busch*	150
Des Weinstocks Saftgewächse ward *Anna Louisa Karsch*	84
Deutscher Blumengarten *Friedrich Rückert*	172
Die Eichbäume *Friedrich Hölderlin*	178
Die Glorie des Gartens *Rudyard Kipling*	174

Die graue Nacht   *Gertrud Kolmar* 107
Die Hände, manchmal, darf man gar nicht brauchen
   Rainer Kirsch 102
Die Kartoffel auch ist eine Blume   *Peter Hacks* 152
Die Kirschbaumblüten im lichtdurchschwemmten Garten
   Ernst Stadler 103
Die Rose ist das höchste Liebeszeichen
   Djalal al-Din Rumi 104
Die Sommernacht, und andachtsvoll der dunkle Garten
   Max Dauthendey 118
Die unter Wunden   *Peter Horst Neumann* 90
Du wilst die weisse brust
   Christian Hoffmann von Hoffmannswaldau 95
Duldsam   *Wilhelm Busch* 150

Ein Kürbis spricht   *Heinrich Albert* 158
Ein / von vier / schrägen   *Arno Holz* 138
Eines Morgens mußten   *Thomas Rosenlöcher* 39
Einladung in den Garten; an Dorimenen
   Karl Friedrich Kretschmann 96
Englischer Garten   *Axel Schulze* 153
Erde. Der Abend, der Gärtner
   Annette von Droste-Hülshoff 168
Erdreich   *Sarah Kirsch* 49
Erheitre nicht des Garten-Hauses Wände
   Anna Louisa Karsch 32
Es ist immer derselbe Traum   *Hermann Hesse* 128
Es prangen Granatäpfelranken im Garten
   Theodor Däubler 18

Flaschenkürbis   *Walahfrid Strabo* 79
Fliedergärten   *Richard Pietraß* 119
Frauen-Ritornelle   *Theodor Storm* 124
Frisch umgegrabnes Land im Frühling
   Barthold Hinrich Brockes 16
Fröhliche Gesellschaft im Garten des Einsiedlers
   Su Schï 89
Frühlingsabend   *Go Tjän-min* 155
Frühlingsnacht   *Ernst Stadler* 103
Für die Hölle hier   *Marina Zwetajewa* 145

Garten   *Oskar Loerke* 112
Garten   *Ludwig Tieck*   66
Garten um Garten entzündet der Flieder
   Richard Pietraß 119
Gärten und Nächte   *Gottfried Benn* 108
Gartenwelt   *Max Dauthendey* 64
Grosser Garten liegt erschlossen
   Hugo von Hofmannsthal 160
Grüner Juni   *Eva Strittmatter* 19

Handhoch überm Scheitel die Kronen   *Franz Fühmann* 176
Hausrecht   *Friedrich Schiller* 45
Herbstweh   *Joseph von Eichendorff* 21
Hier ist alles verteilt nach dem Plan   *Axel Schulze* 153
Hinten im Winkel des Gartens
   Johann Wolfgang Goethe 101
Hinter / einem alten, / windschief krumpeligen
   Arno Holz 114
Hinter hohen Mauern   *Arno Holz* 129
Hüte, hüte den Fuß und die Hände   *Theodor Storm* ... 40
Hymne in Rainers Garten   *Peter Gosse* 88

Ich denke noch an sie   *Paul Fleming* 100
Ich komme gleich   *Thomas Rosenlöcher* 30
Ich sah meine Heimat durch blühende Ranken
   Theodor Däubler 70
Ich sahe mit betrachtendem Gemüte
   Barthold Hinrich Brockes 29
Ich stand am Morgen jüngst im Garten
   Eduard Mörike 98
Im Garten   *Georg Maurer* 154
Im Garten   *Theodor Storm* 40
Im Garten gurrte abends eine Taube   *Go Tjän-min* ... 155
In der Nachtviole Grau verschmelzen
   Schmidt von Werneuchen 136
In einem Winkel sitzend   *Luis Cernuda* 156
In märzentagen streuten wir die samen   *Stefan George* 62
In Silberhüllen eingeschleiert
   Ludwig Christoph Heinrich Hölty 22

Kaiserkron' und Päonien rot *Joseph von Eichendorff* ... 125
Kein dunckel-brauner Samm't
   Barthold Hinrich Brockes 16
Keinem Gärtner verdenk ich's *Friedrich Schiller* 45
Kirsch-Blühte bey der Nacht *Barthold Hinrich Brockes* 29
Komm gleich nach dem Sonnenuntergange
   Rainer Maria Rilke 149
Krüpelsee-Idyll *Hinnerk Einhorn* 144

Laubenfest *Georg Heym* 137
Letzter Zweck aller Krüppelei *Achim von Arnim* 166
Letztes Gartengedicht *Günter Kunert* 165
Liebesvorzeichen *Eduard Mörike* 98
Lob der schwarzen Kirschen *Anna Louisa Karsch* 84

Mein Garten *Hugo von Hofmannsthal* 123
Meine Welt *Kerstin Hensel* 141
Mit der Zeit ich kommen bin *Heinrich Albert* 158

Nachrichten aus dem Leben der Raupen *Sarah Kirsch* 49
Nichts bleibt, wo's ist *Amy Clampitt* 60

O Sprengen des Gartens *Hinnerk Einhorn* 144
O süße Hand Gottes! *Achim von Arnim* 166
O wie schön ist alles hier! *Karl Friedrich Kretschmann* 96
Obstlied *Johann Heinrich Voß* 82
Oden an meinen Freund / Erste Ode
   Johann Wolfgang Goethe 34

Petrarca hat Malven im Garten, und beschweigt die Welt-
rätsel *Rainer Kirsch* 102

Raupe und Schmetterling *Friedrich Hebbel* 41
Rötliche Flöckchen ziehen *Annette von Droste-Hülshoff* 168

Schlaf-Mohn *Rainer Maria Rilke* 117
Schon hängen die Lampions wie bunte Trauben
   Georg Heym 137
Schon, horch, hörst du der ersten Harken
   Rainer Maria Rilke 15

Schön ist mein Garten   *Hugo von Hofmannsthal* 123
Schwer von Jasminduft   *Ricarda Huch* 126
Sehnsuchtstränen rinnen dir oft
   Ludwig Christoph Heinrich Hölty 63
Selektion   *Sarah Kirsch* 143
Siehe, da wächst auch der Kürbis   *Walahfrid Strabo* ... 79
So still in den Feldern allen   *Joseph von Eichendorff* ... 21
So viele Dinge   *Bashô* 36
Sommergebet   *Theodor Däubler* 18
Sphinx in Rosen   *Detlev von Liliencron* 161
Sprich, wie werd ich die Sperlinge los?
   Johann Wolfgang Goethe 44

Traum   *Hermann Hesse* 128
Tropische Stimmung im märkischen Garten
   Eva Strittmatter 19

Über den Gartenzaun gesprochen   *Peter Rühmkorf* ... 179
Und ich selber fürwahr   *Vergil* 77
Ungezählte frohe Hochzeitsgäste   *Christian Wagner* .. 28
Unser England ist ein Garten   *Rudyard Kipling* 174
Unter all den hübschen Dingen   *Wilhelm Busch* 42
Unterm weißen Baume sitzend   *Heinrich Heine* 27
Unvergessen bleibt der Garten   *Detlev von Liliencron* .. 130

Verfall   *Georg Trakl* 20
Vernunftreiche Gartenentzückung   *Peter Hacks* 152
Verpflanze den schönen Baum
   Johann Wolfgang Goethe 34
Voller Apfel, Birne und Banane   *Rainer Maria Rilke* ... 87
Von blühenden Fruchtbäumen schimmert
   Ewald Christian von Kleist 71
Von Vogelscheuche   *Sazanami* 46
Vorbitte wegen eines Nussbaums   *Anna Louisa Karsch*   32

Weit spazieren   *Friedrich Rückert* 135
Welche Unordnung die Rosenblätter   *Sarah Kirsch* ... 143
Wenn die Weidenwollen fliegen   *Elisabeth Langgässer* .. 110
Wenn mittags das weiße Feuer   *Peter Huchel* 142
Wenn wir hier sterben   *Adolf Endler* 140

Wer müht sich wohl im Garten dort
Johann Wolfgang Goethe 170
Wie, die Raupe vertilgst du *Friedrich Hebbel* 41
Wieder muß ich jeden Morgen
August Heinrich Hoffmann von Fallersleben 57
Wir werden heute nicht zum garten gehen
Stefan George 113
Wo kräuter gut gewachsen sind
Walther von der Vogelweide 47
Wohl ist der Herbst ein Ehrenmann
Johann Heinrich Voß 82

Zu Schwaigern steht ein schöner Garten
Justinus Kerner 67
Zu Thaers Jubelfest, dem 14. Mai 1824
Johann Wolfgang Goethe 170
Zulezt thun vor dem Auge *James Thomson* 58
Zwei Gärten *Ricarda Huch* 126

Komische Geschichten
Herausgegeben von
Gudrun Schury
Mit farbigen Illustrationen
von Gerhard Glück
288 Seiten. Gebunden
ISBN 978-3-351-03305-7

Ein komisches Hausbuch

Es darf gelacht werden: Gudrun Schury, die mit dem Lyrikband »Kängt ein Guruh« sehr erfolgreich das Terrain des Komischen und Sprachspielerischen erkundet hat, versammelt nun Geschichten, die für eine höchst vergnügliche Lektüre sorgen.

Mehr Informationen erhalten Sie unter
www.aufbau-verlag.de oder in Ihrer Buchhandlung

Barbara Frischmuth
Löwenmaul und Irisschwert
Gartengeschichten
Mit Fotografien von Herbert Pirker
176 Seiten. Gebunden
ISBN 978-3-351-02971-5

»Eine Liebeserklärung an die Natur« MARIE CLAIRE

Wenn eine Autorin dem Garten verfallen ist, kann es nicht ausbleiben, daß sie auch über das schreibt, was ihr beim Gärtnern widerfährt. Und da kein Gartenjahr dem andern gleicht und ein Garten in ständiger Veränderung begriffen ist, erzählt Barbara Frischmuth nun nach dem literarischen Gartentagebuch »Fingerkraut und Feenhandschuh« ganz neue »Gartengeschichten«. Mittlerweile übrigens haben die Pflanzen vollends begonnen, in ihre Erzählungen hinüberzuwuchern, und so kann man in zwei vergnüglich versponnenen Geschichten erfahren, daß es zwischen Blumen und Menschen nicht immer nur romantisch zugeht.

»Die ironisch-humorvollen Texte werden zu einem heiteren Gang durch das Gartenjahr zusammengefügt und mit stimmungsvollen Fotos illustriert.« KRAUT&RÜBEN

»Ausnehmend schön gestaltet und von einer Schriftstellerin, die sich als geradezu fanatische Gärtnerin outet.« BUCHKULTUR

Mehr Informationen erhalten Sie unter
www.aufbau-verlag.de oder in Ihrer Buchhandlung

Barbara Frischmuth
Fingerkraut und Feenhandschuh
Ein literarisches Gartentagebuch
Mit Fotografien von Herbert Pirker
160 Seiten. Gebunden
ISBN 978-3-351-02861-9

Ein literarisches Sinnenfest für Gartenliebhaber

Fröste und Hitzeperioden, Käfer und Schnecken haben jeden Gärtner vor allem eines gelehrt – Geduld und Respekt vor der Natur. Mit Esprit, Leidenschaft und Selbstironie erzählt Barbara Frischmuth von den Erfahrungen, die sie mit ihrem Garten gemacht hat: von Glücksmomenten und Fehlschlägen, von Begehrlichkeiten und Entdeckungen; wie sie lernt, Schädlinge zu überlisten und wie sie Gärtnerschrullen entwickelt. Nicht zuletzt teilt sie beiläufig Wissenswertes über Pflanzen mit und gibt Ratschläge, die jeder Gartenliebhaber schätzen wird. Das Buch ist bebildert mit Aufnahmen aus Barbara Frischmuths Garten in Altaussee im Salzkammergut.

Mehr Informationen erhalten Sie unter
www.aufbau-verlag.de oder in Ihrer Buchhandlung

Barbara Frischmuth
Marder, Rose, Fink und Laus
Meine Garten-WG
Fotografien von Herbert Pirker
160 Seiten. Gebunden
ISBN 978-3-351-03207-4

Ein verführerischer Auftakt zum Gartenjahr

Wie jeder Gärtner weiß Barbara Frischmuth, dass sie sich die Bewohner ihres Gartens nur bedingt aussuchen kann. Unstete Blumen ziehen von Beet zu Beet. Pflanzen wandern ein und verdrängen alteingesessene, andere verschwinden spurlos. Eine Primadonna wie die Pfingstrose ist nicht anspruchsvoller als die angeblich genügsamen Gräser. Am unberechenbarsten sind die tierischen Mieter vom ritterlichen Kater Max und den mörderischen Lilienhähnchen bis zu Milli, der Erdkröte mit dem Zauberblick. Wie in den bisherigen zwei wundervollen literarischen Gartenbüchern erzählt Barbara Frischmuth mit Esprit und Ironie – diesmal von ihren Erfahrungen als Hauptmieterin einer eigenwilligen Garten-WG.

Mehr Informationen erhalten Sie unter
www.aufbau-verlag.de oder in Ihrer Buchhandlung

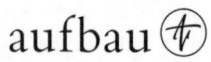

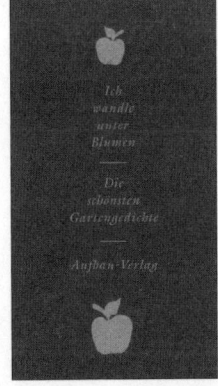

Klaus Seehafer
Ich wandle unter Blumen
Die schönsten Gartengedichte
176 Seiten
ISBN 978-3-351-02908-1

Für Laube und Liegestuhl

Von Eichendorff bis Benn, von Annette von Droste-Hülshoff bis Eva Strittmatter:
Garten- und Parkgedichte finden sich in der deutschsprachigen Literatur von ihren Anfängen bis zur Gegenwart. Klaus Seehafer, Herausgeber und Autor (u. a. »Mein Leben ein einzig Abenteuer.« Johann Wolfgang Goethe. Biografie), hat aus einer unübersehbaren Fülle das Schönste und Vertrauteste ausgewählt. In Goethes »Herbstgefühl« und Mörikes »Sieh, der Kastanie kindliches Laub« steht der Garten als Thema im Vordergrund. Bei Storm und C. F. Meyer, Trakl und Rilke ist er die Folie für Erlebnisse, Erinnerungen und Glücksmomente.
Großstadtbewohner wie Max Herrmann-Neiße, Paul Zech, Brecht und Kunert haben über Garten und Parks anrührende Gedichte geschrieben. Autoren, die vom Schicksal zu äußerer und innerer Unruhe verurteilt waren, schufen beziehungsreiche Kunstwerke, in denen sich Natur und Umwelt als Spiegel und Ruhepol ihrer Erfahrungen finden.

Mehr Informationen erhalten Sie unter
www.aufbau-verlag.de oder in Ihrer Buchhandlung

Joseph von Eichendorff
Hundert Gedichte
Herausgegeben von Klaus Seehafer
152 Seiten. Leinen
ISBN 978-3-351-02967-8

Die meistverkaufte Lyrikreihe

Neben Goethe gehört Eichendorff zu den meistgelesenen
deutschen Dichtern. Der unverwechselbare Ton seiner Verse
ist zum Inbegriff des Romantischen geworden.

Weitere Bände (Auswahl):
Heinrich Heine. Hundert Gedichte. ISBN 978-3-351-02946-3
Theodor Storm. Hundert Gedichte. ISBN 978-3-351-02977-7
Christian Morgenstern. Hundert Gedichte. ISBN 978-3-351-02947-0
Friedrich Hölderlin. Hundert Gedichte. ISBN 978-3-351-03043-8
Johannes R. Becher. Hundert Gedichte. ISBN 978-3-351-03245-6

Mehr Informationen erhalten Sie unter
www.aufbau-verlag.de oder in Ihrer Buchhandlung

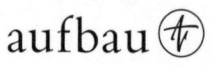

Rainer Maria Rilke
Hundert Gedichte
*Herausgegeben von
Gisela Häussermann und
Ulrich Häussermann
144 Seiten. Leinen*
ISBN 978-3-351-02899-2

Einladung zu Rilke

In feinster Ausstattung mit Leineneinband, Lesebändchen und farbigem Vorsatzpapier eignet sich dieser Band der hundert schönsten Gedichte Rainer Maria Rilkes vorzüglich zum Verschenken und Wiederlesen. Im Mittelpunkt der von Gisela und Ulrich Häussermann herausgegebenen Sammlung stehen die Gedichte aus der frühen und mittleren Lebenszeit des Dichters: Sie laden den Leser ein, mitzuhören auf die Stimmen und hintergründigen Töne im Herbsttag, den geschmeidigen Schritten des Panthers zu folgen, mitzugehen auf den Spuren eines Mädchens, dessen Weg ein frühes Gedicht zeichnet. Bilder und Beobachtungen, Farben und Klänge erfreuen jeden, der sich diesen Versen unbefangen nähert.

*Mehr Informationen erhalten Sie unter
www.aufbau-verlag.de oder in Ihrer Buchhandlung*

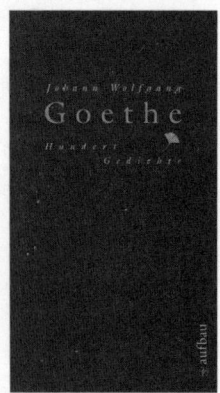

Johann Wolfgang Goethe
Hundert Gedichte
*Herausgegeben und mit
einem Nachwort von Inge Wild
200 Seiten. Leinen
ISBN 978-3-351-03090-2*

Lyrik für Genießer

Die erlesene Reihe präsentiert 100 Gedichte in kundiger Auswahl, und da zeitlose Schlichtheit, Eleganz und Gediegenheit nicht vergehen, sind die hochformatigen Bände in feinstes Leinen gebunden und mit farbigem Vorsatzpapier ausgestattet.

Weitere Bände (Auswahl):
*Heinrich Heine, Hundert Gedichte
186 Seiten. ISBN 978-3-351-02946-3
Bertolt Brecht Hundert Gedichte
269 Seiten. ISBN 978-3-351-02959-3
Wilhelm Busch, Hundert Gedichte
185 Seiten. ISBN 978-3-351-03217-3*

*Mehr Informationen erhalten Sie unter
www.aufbau-verlag.de oder in Ihrer Buchhandlung*

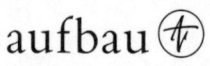

Eva Strittmatter
Einst hab ich drei Weiden besungen
Gedichte
232 Seiten
ISBN 978-3-7466-1007-8

Eine Gedicht-Auswahl der populärsten deutschen Lyrikerin

Eva Strittmatters Gedichte beschreiben den Alltag in schönen, anrührenden Bildern. Sie erzählen von der Natur, den Zeiten des Tages, des Jahres und des Lebens. Sie lehren hinzusehen und machen nachdenklich, Idylle sind sie nicht. Der Lyrikband, ein Brevier für jedermann, ist die Essenz langer Schaffensjahre.

Mehr von Eva Strittmatter im Aufbau Taschenbuch:
Die Schöne (Obsession). AtV 1329-1
Der Winter nach der schlimmen Liebe. AtV 2278-1
Die eine Rose überwältigt alles. AtV 1321-5
Heliotrop. AtV 1322-2
Ich mach ein Lied aus Stille. AtV 1904-0
Liebe und Haß. AtV 1330-7

Mehr Informationen erhalten Sie unter
www.aufbau-verlag.de oder in Ihrer Buchhandlung

Eva Strittmattter
Erwin Strittmatter
Landschaft aus Wasser,
Wacholder und Stein
Ein Jahreszeitenbuch
Textauswahl Almut Giesecke
Mit 78 Fotos von Anke Fesel
176 Seiten. Gebunden
ISBN 978-3-351-03049-0

Die Jahreszeiten von Eva und Erwin Strittmatter

In diesem Bildband mit poetischen Texten reflektieren Eva und Erwin Strittmatter, jeder auf seine Weise, die herbe Schönheit der märkischen Landschaft, den Wandel der Jahreszeiten, den Zauber der Natur. Mit stimmungsvollen Fotos aus der Umgebung ihres Wohnortes Schulzenhof.

»Täglich gehe ich den Waldweg zum See hin, sehe die Pflanzen blühn, sehe sie fruchten, altern und sterben, sehe sie jahrsdrauf wieder erwachen, sehe, wie sie das ohne Furcht tun. Ich bin es, der mit Furcht vor dem morgigen Tag, mit Furcht vor dem Tode an ihnen vorübergeht, ich, der Mensch, der sich wer weiß wie klug wähnt.« Erwin Strittmatter

Außerdem lieferbar:
Eva und Erwin Strittmatter, Du liebes Grün. Ein Garten- und Jahreszeitenbuch. AtV 2407

Mehr Informationen erhalten Sie unter
www.aufbau-verlag.de oder in Ihrer Buchhandlung

Eva Strittmattter/
Erwin Strittmattter
Du liebes Grün
Ein Garten- und Jahreszeitenbuch
*Mit 80 Fotos von Lennart Fischer
und Rainer J. Fischer*
160 Seiten
ISBN 978-3-7466-2407-5

Erstmals Eva und Erwin Strittmatter in einem Band

Als Erwin und Eva Strittmatter nach Schulzenhof zogen, gab es den Wunsch, sich einzugliedern in den natürlichen Ablauf der Jahreszeiten, teilzuhaben an Verwandlungen der Natur: im Garten, in den Wäldern, auf Wiesen und am See. Die Natur wurde zum Bestandteil ihrer Existenz – und umgekehrt. Von dieser spannungsreichen Beziehung zeugen die Texte des Bandes. Erstmalig werden hier Texte beider Strittmatters in einem Band präsentiert: Gedichte von Eva Strittmatter und Kurzgeschichten, Reflexionen, Romanauszüge von Erwin Strittmatter stehen im Dialog und werden ergänzt von 50 Fotografien. Diese fangen das Werden und Wachsen, das Blühen und Vergehen in der Niederlausitz und in Schulzenhof ein. Ein Augenschmaus nicht nur für Strittmatter-Fans!

»Eva und Erwin Strittmatter halten den einen Augenblick fest, in dem der Mensch den ›Sitz seiner Sehnsucht‹ gewahr wird, weil der Gesang der Vögel ihn in Schwingungen setzt.« BERLINER ZEITUNG

Mehr Informationen erhalten Sie unter
www.aufbau-verlag.de oder in Ihrer Buchhandlung

aufbau taschenbuch